Dieses Buch gehört:

Oda Tietz

So kochten wir im Sachsen

Hölker Verlag

5 4 3
ISBN 3-88117-496-6

Gestaltung: Jutta Engelage
Redaktion: Jutta Engelage
Kalligraphie: Heidrun Schröder
© 1984 Verlag W. Hölker GmbH, Münster
Alle Rechte vorbehalten, auch auszugsweise
Printed in Belgium

INHALT

Vorwort 6

Salate 9

Suppen 17

Fleischgerichte 29

Fischgerichte 41

Gemüsegerichte 49

Kartoffelgerichte & Klöße 59

Desserts 71

Backwerk 81

Getränke 111

Eingemachtes 119

Verzeichnis der Rezepte 129

VORWORT

Kaffee- und Kuchenlust wird den Sachsen in die Wiege gelegt. Erich Kästner bildet da keine Ausnahme. Wenn er mit seiner Mutter auf Wanderschaft in Dresdens näherer Umgebung war, gehörte die Rast im Kaffeehaus einfach dazu. Die (schwierige!) Frage war nur: Entscheidet man sich für Quarkkuchen oder lieber für Eierschecke zum Kaffee? Meist aßen sie beides.

Ja, die süßen Kulinarien der Sachsen sind eine Welt für sich. Zum Hochgenuß wird das süße Leben jedoch erst, wenn der i-Punkt, das Däbbchen Bohnkaffee, danebensteht. Darin verschwinden ärschdemal de drocknen Guchen, ehe sä dann feichte ieber de Libben gomm. Ach, was gibt es Herrlicheres und Vollkommeneres un Geddlicheres als än gedidschten Streisel- oder Brasselguchn! Zum Lieblingsgetränk der Sachsen wurde der Kaffee bereits Ende des 17. Jahrhunderts. Johann Sebastian Bach widmete dem neuartigen Trunk der Bürgersleute eine „Comische Cantate: „Schlendrian mit seiner Tochter Ließgen", die als „Kaffeekantate" bekannt wurde, und in der es unter anderem heißt:

> *Die Mutter liebt den Coffee-Brauch,*
> *die Großmama trank solchen auch,*
> *wer will nun auf die Töchter lästern?*
> *Die Sachsen bleiben Coffee-Schwestern.*

Führend für den öffentlichen Kaffeeausschank in Sachsen war eine kleine Leipziger Schenke, „Zum Coffee Baum", die bereits im Jahre 1694 den Musentrunk kreierte, in der auch August der Starke zu Gast gewesen und den Portalschmuck, einen früchtetragenden Kaffeebaum, „spendiert" haben soll (so will es die Legende, die bekanntlich länger lebt als die Wahrheit).

Zur gleichen Zeit stopfte der „alte Wolf", ein Zimmermann aus Würschnitz im oberen Vogtland, einige runde, nicht gerade ansehnliche Knollen, die er aus Amsterdam mitgebracht hatte, in die Erde und trug somit, ohne es zu ahnen, dazu bei, daß sich alsbald zur Kaffee- und Kuchenlust die Kartoffellust gesellte. So stand im Herbst das Gute von „unten", gekocht, mitten auf dem Küchentisch. Die Erdäpfel wurden gekostet, für gut befunden und als Viehfutter und Küchen-Probierobjekt gepriesen. Nun gab es kein Halten mehr in vogtländischen, bald darauf auch in erzgebirgischen Küchen (die schneidigen vogtländischen Tänzer hatten bei der Brautschau die Kunde von der Wunderknolle ins Erzgebirge getragen). Es wurde geschält, geschnitten, geschnippelt, gerieben, gestampft – und probiert. Auf Tellern dampften „Schälerkartoffeln" (Pellkartoffeln), „Eigeschnietene" (Bratkartoffeln), „Kartoffelpelz" (Kartoffelbrei) und „Rauche Mad" (Pfannengericht), großzügig gewürzt mit Majoran, Petersilie, Dill, Salbei, Lorbeer, Knoblauch, Zwiebeln und Speck. Eine Häuslerin aus Raun übertrumpfte mit ihrer Küchenphantasie alle bisher vorhandenen Kartoffelschöpfungen, als sie auf den Mittagstisch eine Schüssel voll dampfender „Griegeniffte", so heißen im Vogtland die grünen Klöße (niffen heißt reiben), stellte.

So ist das nunmal in Sachsen: Ums Essen macht mr ge Gemähre – Hauptsache es schmeckt. Aber wenn einer eine Spezialität hinaus in de Wäld dräächt, wie das Leipziger Allerlei oder anderes Säsong-Gemiese, leckere Suppen, Braten, Saucen, Backwerk und Desserts, hat man nichts dagegen. Echa. Weder im Vogtland, wo im Musikwinkel der Geigenbau eine lange Tradition hat, noch im Erzgebirge, das auch Weihnachtsland heißt, weil geschickte Hände anrührende Engel, Bergmänner, Pyramiden und Nußknacker schnitzen; auch nicht in der Oberlausitz, weithin bekannt wegen der kunstvoll bemalten Ostereier und den Osterritten (welch stattliche Männer sitzen da auf herausgeputzten Pferden!). Da sieht mersch mal widder, die Sachsen haben es auch mit der Gunst un Gultur: weltberühmtes Porzellan in Meißen, einmalige Kunstschätze in Dresden, Thomanerchor und Gewandhaus in Leipzig.

Und keine Angst! Nicht alle Sachsen reden sächsisch. Also ärschdemal: dr Leipzscher dud beim Schbrächen andersch sing'n als dr Dräääsdner. Der Oberlausitzer hat einen Quirl im Hals, der das unüberhörbare „rrrrr" zu Tage fördert. Die vogtländische Mundart gar hat überhaupt nichts Sächsisches. Die Laute klingen eher rund und gutteral. Heraus kommt eine Mischung aus Fränkischem, Bayrischem und Oberpfälzischem. So richtsch gud läbd sichs nur in Sachsen – bei Gaffee-, Guchen- und Gardoffel-Genüssen, die sich, und das ist das besonders Schöne, ganz leicht zubereiten lassen. Viel Spaß dabei wünscht Ihnen Ihre

Oda Tietz

Die Rezepte sind für vier Personen berechnet.

SALATE

Salate

Egal, wo man in Sachsen hinkommt, ins Vogtland, ins Erzgebirge, in die Oberlausitz, nach Leipzig oder Dresden – überall liebt man Salate. Die Spielregeln
beherrscht man gut: Die Zutaten müssen von ausgewählter Qualität sein und
nicht nur dem Gaumen, sondern auch dem Auge gefallen. Probieren und Kom-
ponieren, vor allem aber Übung ist bei den Saucen angesagt, die ja bekanntlich
Salaten den letzten Pfiff geben. Keine schmeckt wie die andere, denn der
Küchenphantasie sind keine Grenzen gesetzt. Immer wieder kann man neue
Geschmacksvarianten entdecken.
Der Griff zu den verschiedenen Essig- und Ölsorten, zu Kräutern, Knoblauch-,
Schalotten- und Zwiebelwürfeln macht es möglich. Würzen und nuancen-
genaues Abschmecken dürfen nicht zu kurz kommen, denn: Fade schmeckt ein
jed's Gericht, dem es ganz an Salz gebricht! Wie bei vielen anderen Speisen auch,
mag man neben der Abwechslung auch die Besonderheit. Deshalb holt man
Löwenzahnblüten, Kapuzinerkresse und Gänseblümchen ebenso gern ins Haus
wie Äpfel, Kürbis, Möhren, Gurken, Kohlrabi oder Kopfsalat.

Apfel-Möhren-Salat

250 g Möhren, 2 Äpfel (300 g), Saft von 2 Zitronen, 2 EL Zucker,
3 Orangen, 3 EL Portwein, 2 EL geröstete, gehackte Mandeln

Die Möhren putzen, waschen und grob raspeln. Die Äpfel schälen, in kleine
Würfel schneiden, dabei das Kerngehäuse entfernen. Die Apfelwürfel mit den
Möhren vermischen. Zitronensaft und Zucker untermengen. 2 Orangen so
schälen, daß auch die weißen Häutchen entfernt werden. Die Früchte quer in
dünne Scheiben schneiden, eventuell vorhandene Kerne entfernen. Mit dem Saft
von der restlichen Orange und dem Portwein begießen. Das Apfel-Möhren-
Gemisch daraufgeben und mit gerösteten Mandeln garnieren.

Apfelsalat

500 g Äpfel, 200 g entsteinte Sauerkirschen, 2 EL Zitronensaft, 1 EL Zucker,
3 EL Joghurt, 2 EL geröstete Mandelblättchen

Die Äpfel vom Kerngehäuse befreien, schälen, in Viertel, dann in dünne Scheiben schneiden. Die Apfelscheiben mit den Sauerkirschen in eine Schüssel geben. Zitronensaft, Zucker und Joghurt miteinander verrühren und unter die Früchte heben. Mit gerösteten Mandelblättchen bestreuen.

Eiersalat mit Brunnenkresse

6 hartgekochte Eier, 1 Bund Brunnenkresse, 1 Becher Joghurt (150 g),
1 EL mittelscharfer Senf, 3 EL Crème fraîche, 2 EL Zitronensaft, Salz,
frisch gemahlener schwarzer Pfeffer, 1/2 TL Zucker, 125 g durchwachsener Speck

Die Eier pellen und halbieren. Jede Hälfte in 3 Teile schneiden. Die Brunnenkresseblätter waschen, trockenschütteln und von den Stielen trennen. Joghurt, Senf, Crème fraîche und Zitronensaft verrühren und mit Salz, Pfeffer und Zucker würzen. Die Brunnenkresse in eine Salatschüssel geben, die Eier darauf anordnen und mit der Sauce übergießen. Den Speck in kleine Würfel schneiden, in einer Pfanne knusprig braten und darüber streuen.

Gänseblümchensalat

2 EL Öl, 2 EL Zitronensaft, Salz, frisch gemahlener schwarzer Pfeffer,
1 Kopf grüner Salat, 2 EL Gänseblümchenblätter

Aus Öl, Zitronensaft, Salz und Pfeffer eine Marinade bereiten. Den Salat waschen, abtropfen lassen, in mundgerechte Stücke teilen und mit den gereinigten Gänseblümchenblättern zur Marinade geben.

Gurkensalat

2 frische grüne Gurken (etwa 500 g), ¹/₈ l saure Sahne, ¹/₂ TL Zucker,
Salz, 3 EL Weinessig, 1 EL gewiegter Dill

Die Gurken schälen und in dünne Scheiben schneiden. Sahne, Zucker, Salz und
Essig gut verrühren. In einer Salatschüssel die Gurkenscheiben mit der Sahne
vermischen. Dill darüber streuen.

Kohlrabisalat

1 Becher Joghurt (150 g), 2 EL Schlagsahne, 4 EL Weinessig, Salz,
1 Prise Muskat, ¹/₂ TL Zucker, 4 Kohlrabi, 100 g Schinkenspeck,
1 hartgekochtes Ei

Joghurt, Sahne, Essig, Salz, Muskat und Zucker verrühren. Die Kohlrabi schälen,
grob raspeln und in eine Schüssel geben. Mit der Marinade vermischen. Den
Speck in kleine Würfel schneiden und kroß ausbraten. Das Ei pellen und fein
hacken. Ei und Schinkenwürfel auf den Salat streuen.

Kopfsalat mit Kapuzinerkresse

1-2 Salatköpfe, Saft von 1 Zitrone, 2 EL Öl, Salz,
frisch gemahlener schwarzer Pfeffer, Saft von 1 zerdrückter Knoblauchzehe,
2 Hände voll Kapuzinerkresseblüten

Die Salatblätter waschen, in mundgerechte Stücke teilen und in eine Schüssel füllen. Aus Zitronensaft, Öl, Salz, Pfeffer und Knoblauch eine Marinade bereiten
und über die Salatblätter geben. Zuletzt die gereinigten Kapuzinerkresseblüten
über den Salat streuen und sofort servieren.

Löwenzahnblütensalat

300 g Löwenzahnkronen, 1 Zwiebel, 100 g Schinkenspeck,
Salz, 1/2 TL Zucker, 2 EL Weinessig, 2 hartgekochte Eier

Die Blüten reinigen und kreuzweise fein einschneiden. Die Zwiebel schälen und fein hacken. Den Speck in kleine Würfel schneiden und kroß ausbraten. Blüten, Zwiebel, Salz, Zucker und Essig in eine Schüssel geben und vermischen. Die Speckwürfel mit dem Fett darüber anrichten. Die Eier pellen, in Achtel schneiden und den Salat damit garnieren.

Möhrensalat

500 g Möhren, 4 EL Zitronensaft, 6 EL Apfelsinensaft, 2 EL Sonnenblumenöl,
1 EL Zucker oder Honig, 1 Prise Salz, 2 EL gehackte, geröstete Haselnüsse

Die Möhren putzen, waschen und grob raspeln. Mit Zitronen- und Apfelsinensaft, Öl, Zucker und Salz vermischen. Die gerösteten Haselnüsse darüberstreuen.

Pfirsichsalat

4 Pfirsiche (etwa 600 g), Saft von 1 Zitrone, 2 EL Zucker,
2 EL Weißwein, 100 g Himbeeren, Minzeblättchen

Die Pfirsiche kurz in heißes Wasser legen, herausnehmen und die Haut abziehen. Dann die Früchte in kleine Würfel schneiden. Zitronensaft, Zucker und Weißwein darübergeben. Zugedeckt 1 Stunde im Kühlschrank ziehen lassen. Vor dem Servieren mit gewaschenen Himbeeren und Minzeblättchen garnieren.

Schalottensalat

1 Kopf Salat, 4 Schalotten, 3 EL Weinessig, 2 EL Sonnenblumenöl,
Salz, frisch gemahlener schwarzer Pfeffer, 2 TL mittelscharfer Senf,
2-3 EL Maiskörner aus der Dose

Den Salat putzen, zerkleinern, waschen und trockentupfen. Die Schalotten schälen und hacken. Essig, Öl, Schalotten, Salz, Pfeffer und Senf zu einer Marinade rühren. Die Maiskörner abtropfen lassen und mit der Senfmarinade locker unter die Salatblätter mischen. Sofort servieren.

Sommersalat

250 g Sauerkirschen, 4 Aprikosen, 250 g Johannisbeeren, 200 g Zucker,
4 EL Weinbrand, 100 g Himbeeren, ¼ l Schlagsahne, 1 EL Zucker

Die Kirschen und die Aprikosen waschen, entsteinen und zerkleinern. Die Johannisbeeren waschen und von den Rispen streifen. Das Obst mischen. Den Zucker darübergeben und zugedeckt 30 Minuten ziehen lassen. Vor dem Servieren den Weinbrand darüberträufeln. Die Himbeeren vorsichtig abbrausen und obenauf geben. Sahne steif schlagen, zuckern und zum Salat reichen.

Wurstsalat

4 Bockwürste, 1 Paprika, 2 Tomaten, 1 Zwiebel, 1 Apfel, 2 EL Sonnenblumenöl,
4 EL Weinessig, Salz, frisch gemahlener schwarzer Pfeffer, 1 hartgekochtes Ei

Die Würste in dünne Scheiben, die geputzte und gewaschene Paprika in Streifen schneiden. Die Tomaten waschen und in dünne Scheiben, die gepellte Zwiebel und den geschälten Apfel in kleine Würfel schneiden. Vom Apfel das Kernhaus entfernen. Wurstscheiben, Paprikastreifen, Tomatenscheiben mit Zwiebel- und Apfelwürfel vermischen. Aus Öl, Essig, Salz und Pfeffer eine Sauce bereiten und darübergießen. Das Ei fein hacken und obenauf anordnen.

Notizen & weitere Rezepte:

SUPPEN

Suppen

Alles, was feucht über die Lippen kommt, ist dem Sachsen angenehm! Dazu gehört natürlich die würzige und aromatische Suppenvielfalt, angefangen von der beliebten Kartoffelsuppe bis hin zur sorbischen Hochzeitssuppe.

Man weiß in Borna zu berichten, daß manche Suppe sogar über einen ganz besonderen Zauber verfügt: Es ist schon eine Weile her, da lebte dort eine alte Krämersfrau. Ihr Geschäft ging nicht gut, denn einige Meter weiter hatte ihr die Konkurrenz mit Niedrigpreisen die Kundschaft geraubt. Jeden Abend zählte sie ihre paar Groschen – mal vorwärts, mal rückwärts. Sie vermehrten sich nicht dabei und zum Leben reichten sie auch nicht. Sie fürchtete schon das Schlimmste. Da half der Zufall: Tochter Gerlinde hatte einen Mann geheiratet, der sich als Hallodri entpuppte. Mehr und mehr interessierte er sich für andere Weiberröcke und war selten zu Hause. Bis die sparsame Gerlinde eines abends eine Suppe aus Zwiebeln auftischte, die den Hallodri liebestoll machte – und zwar auf die Suppenköchin. Die freute sich. Und die Krämersfrau freute sich erst recht. Sofort erzählte sie ihrer noch verbliebenen Kundschaft von der Wunderkraft ihrer Zwiebeln. Und weil nur sie das Suppenrezept kannte, kam auch die untreu gewordene Kundschaft zurück und neue dazu. Fortan verging kein Tag, an dem die Bornaerinnen nicht Zwiebelsuppen kochten, damit ihre Gärlchen drheeme wieder zum Läbn erwachten (Kerlchen zu Hause zum Leben erwachten). Die Suppe wird noch immer in Borna gekocht.

Bornaer Zwiebelsuppe

600 g Zwiebeln, 1 ¼ l Fleischbrühe, 1 EL Kümmel,
Salz, frisch gemahlener weißer Pfeffer, 2 El Mehl, 2 Eigelb,
6 EL Schlagsahne, 200 g Landbrot, 2 EL gehackte Kräuter

Die Zwiebeln schälen und in dicke Scheiben schneiden.
Die Fleischbrühe erhitzen, Zwiebelscheiben, Kümmel, Salz und Pfeffer zugeben. Alles zum Kochen bringen und 10 Minuten köcheln lassen. Durch ein Sieb streichen. In der Hälfte der Butter das Mehl goldbraun rösten. Die Zwiebelsuppe unter Rühren zugießen, kurz aufkochen lassen und vom Herd nehmen. Eigelb und Sahne verquirlen, die Suppe damit legieren. Warm stellen. Das Brot in kleine

Würfel schneiden und in der restlichen Butter rösten. Die Suppe auf vorgewärmten Tellern verteilen. Mit Brotwürfeln und gehackten Kräutern garnieren.

*Die Zwiebel ist, wie ihre Verwandtschaft, zu der die Schalotte, der Schnittlauch, Knob-
lauch und Lauch zählen, eine Küchenblume, denn sie gehört zur Gruppe der Lilien-
gewächse. „Cepula", kleines Köpfchen, heißt das in Sachsen so verehrte Küchenwunder,
das nicht nur vorzüglich würzt und schmackhaft ist, sondern auch appetitanregend
wirkt und die Durchblutung fördert.*

Frühlingssuppe

*1 Wurzelwerk (Zwiebel, Möhre, Petersilienwurzel), 750 g Suppenfleisch,
1 Kohlrabi, 250 g Möhren, 250 g Spargel, 1 kleiner Blumenkohl,
100 g Butter, 1 EL Krebsbutter, 2 EL gehackte Kräuter*

Das Wurzelwerk putzen, waschen und grob zerkleinern. $1\frac{1}{2}$ l Salzwasser zum
Kochen bringen, das Wurzelwerk und das gewaschene Fleisch hineingeben und
2 Stunden köcheln lassen. Kohlrabi, Möhren und Spargel putzen und zerkleinern. Den Blumenkohl in Röschen teilen. Jedes Gemüse getrennt in etwas
leicht gesalzenem Wasser garen. Es soll bißfest sein. Zur Kohlrabi, den Möhren
und dem Spargel jeweils etwas Butter geben und beiseite stellen. Das gare
Suppenfleisch und das Wurzelwerk herausnehmen.
Das Fleisch in Würfel schneiden. Das Wurzelwerk mit einer Gabel zerdrücken
und wieder zur Brühe geben. Kohlrabi, Möhren, Spargel und die abgetropften
Blumenkohlröschen ebenfalls dazugeben. Kurz erhitzen, dann vom Herd nehmen und die Krebsbutter einrühren. Die Suppe auf vorgewärmte Teller geben
und mit gehackten Kräutern garnieren.

Tip: Krebsbutter läßt sich leicht selbst herstellen. Man zerstößt und röstet die
Schalen von Krebsen, erhitzt sie mit Butter, Salz und Pfeffer und gibt alles durch
ein Sieb. Die orangefarbene Butter mit dem kräftigen Krebsgeschmack verfeinert
Suppen, Saucen, Gemüse und Fischfilets.

Gräupchen

200 g Gräupchen, 125 g durchwachsener Speck, 1 Zwiebel, 1 Stange Lauch,
1 EL Butterschmalz, Salz, frisch gemahlener weißer Pfeffer,
1 TL Majoran, ¹/₂ l Fleischbrühe, 2 EL gehackte Kräuter

Die Gräupchen waschen und über Nacht in 1 l Wasser einweichen. Am Kochtag
den Speck in kleine Würfel schneiden. Die Zwiebel schälen und zerkleinern,
den Lauch putzen und in Ringe schneiden. In einem Topf das Butterschmalz
erhitzen. Speckwürfel, Zwiebel und Lauch anschwitzen. Die Graupen mit dem
Einweichwasser dazugeben. Mit Salz, Pfeffer und Majoran würzen und die
Fleischbrühe angießen. 1 gute Stunde garen. Frische Kräuter aufstreuen.

Grüne Suppe

2 Zwiebeln, 2 Kartoffeln, 2 Stangen Lauch, 50 g Butter, 1 l Fleischbrühe,
Salz, frisch gemahlener schwarzer Pfeffer, ¹/₈ l Schlagsahne,
4 EL Schnittlauchröllchen

Zwiebeln und Kartoffeln schälen und in Würfel schneiden. Den Lauch waschen
und in Ringe schneiden. In einem Topf die Butter erhitzen und Zwiebeln und
Lauch darin anschwitzen. Kartoffeln, Fleischbrühe, Salz und Pfeffer zugeben und
30 Minuten garen. Durch ein Sieb geben. Die Suppe mit der Sahne verfeinern
und mit Schnittlauchröllchen garniert servieren.

Tip: Dazu schmeckt eine Fettbemme – ein kräftiges Landbrot, dick mit selbst-
gemachtem Schmalz (Rezept S. 126) bestrichen.

Holunderbeerensuppe

750 g Holunderbeeren, 100 g Zucker, 1 EL Stärkemehl,
1 Gläschen Schlehenlikör, $^1/_8$ l Schlagsahne

Die Holunderbeeren waschen und mit einer Gabel von den Stielen streifen. In $^1/_4$ l Wasser 10 Minuten garen. Durch ein Sieb streichen. Den Fruchtsaft mit dem Zucker erhitzen. Das Stärkemehl in wenig kaltem Wasser verrühren und zur Suppe geben. Aufkochen lassen. Schlehenlikör einrühren. Auf Suppentellern verteilen, in die Mitte jeweils etwas Schlagsahne geben und ein wenig verziehen, so daß ein Muster entsteht.

Kartoffelsuppe mit Bockwurst

400 g mehligkochende Kartoffeln, 2 EL Butter, 1 EL Mehl, 1$^1/_2$ l Brühe,
250 g frisches, zerkleinertes Gemüse (Möhren, Kohlrabi, Blumenkohlröschen),
Salz, frisch gemahlener weißer Pfeffer, 1 TL Majoran, 4 Bockwürste,
2 EL gehackte Petersilie

Die Kartoffeln schälen, waschen und zerkleinern. In einem Topf die Butter zerlassen, das Mehl darin anschwitzen und nach und nach unter Rühren die Brühe zugießen. Kartoffeln, gewaschenes Gemüse und Gewürze zugeben. Bei milder Hitze etwa 20 Minuten garen. Die Würste zufügen und noch weitere 5 Minuten köcheln lassen. Gehackte Petersilie aufstreuen und sofort servieren.

Tip: Die Kartoffel ist ein Nachtschattengewächs. Unreife Stellen und Kartoffelkeime enthalten giftiges Solanin. Deshalb alle grünen Stellen und Fruchtfleisch rund um die Keime entfernen.

Schon Sachsens humorvolle Nationaldichterin, Lene Voigt (1891–1962), schwärmte – wie die Sachsen überhaupt! – für Würstchen, egal, ob in der Suppe oder in der Hand, denn „ä Wärschtchen so voll Saft, das is 'ne Wonne un das gibbt Grafft".

Kräutersuppe

1 Zwiebel, 25 g Kerbel, 2 Zweige Minze, ¹/₂ Bund Petersilie,
1 Zweig Majoran, 125 g frischer Spinat, 2 EL Butter,
1 EL Mehl, 1 l Fleischbrühe, Salz, frisch gemahlener schwarzer Pfeffer,
¹/₈ l Schlagsahne, 1 Eigelb

Die Zwiebel schälen und in kleine Würfel schneiden. Die Kräuter waschen und kleinschneiden. Den Spinat verlesen und waschen. In einem Topf die Butter erhitzen, die Zwiebel darin anschwitzen, Kräuter und Spinat zufügen und alles 5 Minuten dünsten. Das Mehl darüberstäuben. Etwas Brühe angießen und alles pürieren. Den Rest der Fleischbrühe zugießen. Mit Salz und Pfeffer würzen. Noch 10 Minuten köcheln lassen. Von der Sahne 2 EL abnehmen und mit dem Eigelb verquirlen. Die restliche Sahne zur Suppe geben und verrühren. Vom Herd nehmen. Die Suppe mit dem Eigelb legieren.

Kürbisblütensuppe

400 g Kürbisblüten, 1 kleine Zwiebel, 50 g Butter, 1 kräftige Prise Salz,
1 Messerspitze gemahlener Zimt, ¹/₂ l Milch, 1 EL Stärkemehl,
3 Eigelb, ¹/₄ l saure Sahne, 2 EL Zucker, 100 g Biskuitwürfel

Die Blüten grob zerschneiden. Die Zwiebel pellen und in kleine Würfel schneiden. Die Butter erhitzen, Zwiebelwürfel und Kürbisblüten 5 Minuten darin dünsten. Salz und Zimt zufügen, die Milch angießen und erhitzen. Das Stärkemehl in wenig kaltem Wasser verquirlen, zur Suppe geben, gut verrühren, aufkochen lassen und vom Herd nehmen. Eigelb mit der sauren Sahne verrühren und mit dem Zucker zur Suppe geben. Gut verrühren. Auf Tellern anrichten und Biskuitwürfel in die Mitte streuen.

Kürbis-Kartoffel-Suppe

500 g mehligkochende Kartoffeln, ³/₄ l Fleischbrühe, 500 g geschälter Kürbis,
40 g Butter, ¹/₈ l Schlagsahne, Salz, frisch gemahlener weißer Pfeffer, 6 EL Weinessig,
¹/₂ TL Zucker, 3 EL gehackte Kräuter (Petersilie, Schnittlauch, Dill)

Die Kartoffeln waschen, schälen und in Würfel schneiden. Vom Kürbis die Kerne entfernen und das Fruchtfleisch in Würfel schneiden. Die Butter erhitzen und die Kürbiswürfel darin 5 Minuten andünsten. Vom Herd nehmen. Die Fleischbrühe erhitzen, Kartoffeln zufügen, 10 Minuten garen, dann die Kürbiswürfel zugeben und weitere 10 Minuten garen.
Die Hälfte Gemüse herausnehmen, pürieren und wieder zur Suppe geben. Sahne unterrühren und mit Salz, Pfeffer, Weinessig und Zucker abschmecken. Zuletzt die Kräuter aufstreuen. Nach Belieben in Scheiben geschnittene Bockwurst zur Suppe geben und Schwarzbrot dazu reichen.

Leipziger Biersuppe

125 g Zucker, 1 Stück Zimtrinde, 125 g Semmelbrösel, 1 l Bier,
1 Glas Apfelwein, 4 EL geschlagene Sahne

Zucker und Zimtrinde in ¹/₄ l Wasser zum Kochen bringen und 5 Minuten köcheln. Zimtrinde herausnehmen. Unter Rühren die Semmelbrösel zufügen, Bier und Wein angießen. Erhitzen, aber nicht aufkochen lassen. Auf vorgewärmte Teller verteilen und in die Mitte jeweils einen Sahneklecks setzen. Dazu Fettbemmen (mit Schmalz bestrichenes, kräftiges Landbrot) reichen.

Meißner Weißkohlsuppe

*750 g Weißkohl, 2 Zwiebeln, 50 g Butter, Salz, frisch gemahlener weißer Pfeffer,
1 l Fleischbrühe, ¹/₈ l Weißwein (Riesling), 1 EL Essig-Essenz,
1 Messerspitze gemahlene Nelke, 1 Messerspitze Muskatblüte,
2 EL Zucker, 4 Schwarzbrotscheiben*

Den Weißkohl putzen, waschen und kleinschneiden. Die Zwiebeln schälen und
in kleine Würfel schneiden. In einem Topf die Butter zerlassen, Weißkohl,
Zwiebeln, Salz, Pfeffer und die Fleischbrühe zugeben. Alles zum Kochen bringen
und 20 Minuten köcheln lassen. Weißwein, Essig-Essenz, die restlichen Gewürze
und den Zucker unterrühren. Zugedeckt 10 Minuten garen. Auf vorgewärmte
Teller füllen und Schwarzbrotscheiben dazu reichen.

Oberlausitzer Abernsuppe
(Kartoffelsuppe)

*500 g Kartoffeln, 1 Stange Lauch, 2 Möhren, 1 Zwiebel, 1 TL Kümmel,
Salz, frisch gemahlener schwarzer Pfeffer, 1 l Fleischbrühe,
200 g durchwachsener Speck, 1 EL Butter, 2 EL gehackte Petersilie*

Die Kartoffeln schälen und in grobe Stücke schneiden. Lauch und Möhren
putzen, waschen und zerkleinern. Die Zwiebel pellen und in Würfel schneiden.
Mit Kümmel, Salz und Pfeffer in einen Topf geben, die Fleischbrühe angießen,
zum Kochen bringen und bei mittlerer Hitze 20 Minuten garen. Den Speck in
kleine Würfel schneiden. In einer Pfanne die Butter erhitzen, die Speckwürfel
zugeben und kroß ausbraten. Die Suppe pürieren. Auf vorgewärmte Teller
füllen, Speckwürfel und Petersilie darübergeben.

*In der Oberlausitz nennt man die Köstlichen vom Acker „Abern", abgeleitet von
Ardbirnen oder Ardäpfeln, auch im Vogtland und Erzgebirge spricht man selten von
Kartoffeln, sondern von Erdäpfeln.*

Oberlausitzer Semmelbröselsuppe

50 g Butter, 125 g Semmelbrösel, 1 l Fleischbrühe, Salz,
1 Messerspitze geriebene Muskatnuß, 4 Eier, 2 EL gehackte Petersilie

Die Butter in einem Topf erhitzen und die Semmelbrösel darin rösten. Langsam mit Brühe auffüllen und kurz aufkochen lassen. Vom Herd nehmen. Die Eier verquirlen und in die Suppe einrühren. Mit Salz und Muskat abschmecken und mit Petersilie bestreuen.

Rosenblütensuppe

2 Hände voll stark duftender Rosenblütenblätter, 100 g Semmelbrösel,
1 1/2 l Milch, 5 EL Zucker, 1 kräftige Prise Salz, 4 Eigelb

Die Rosenblütenblätter waschen, abtropfen lassen, den bitteren Stielansatz entfernen und fein hacken. Mit den Semmelbröseln vermischen und in die Milch einrühren, Zucker und Salz zufügen. Alles unter ständigem Rühren zum Kochen bringen, aufwallen lassen, durch ein Sieb streichen, nochmals aufkochen, dann etwas abkühlen lassen. Eigelb einrühren und sofort servieren.

Sauerampfersuppe

125 g Sauerampfer, 1 Zwiebel, 50 g Butter, 1 EL Mehl, 1 l Fleischbrühe,
Salz, frisch gemahlener weißer Pfeffer, 1/8 l Schlagsahne,
einige Kerbelblättchen zum Garnieren

Den Sauerampfer waschen, putzen und in feine Streifen schneiden. Die Zwiebel schälen und in kleine Würfel schneiden. In einem Topf die Butter erhitzen und die Zwiebel darin glasig werden lassen. Sauerampfer zugeben und 3 Minuten dünsten. Das Mehl darüberstäuben, etwas Brühe angießen und kurz aufkochen lassen. Pürieren. Die restliche Brühe zufügen, mit Salz und Pfeffer abschmecken. Die Sahne einrühren. Auf vorgewärmte Teller füllen und mit Kerbelblättchen garniert servieren.

Saure Bieben
(sächsischer Kuttelfleck)

1 kg Kutteln (Pansen, Euter), 1 Wurzelwerk (Zwiebel, Möhre, Petersilienwurzel),
125 g durchwachsener Speck, 1 Zwiebel, 2 Knoblauchzehen, 1 EL Majoran,
30 g Butter, 30 g Mehl, 4 EL Weinessig, 1 EL Zucker,
frisch gemahlener weißer Pfeffer, Salz, 2 Gewürzgurken, 2 EL gehackte Petersilie

Die Kutteln sollte man sich vom Fleischer zusammenstellen lassen. Das Fleisch
zuerst mit heißem, dann mit kaltem Wasser reinigen. In einem Topf mit 2 l
Wasser zum Kochen bringen. Das Wurzelwerk putzen, waschen und zerkleinern.
Den Speck in kleine Würfel schneiden. Zwiebel und Knoblauch pellen und
ebenfalls kleinschneiden. Wurzelwerk, Speck, Zwiebel und Knoblauch mit dem
Majoran zum Fleisch geben. Alles etwa 3 Stunden garen. Das Fleisch soll bißfest
sein. Das Fleisch herausnehmen und in mundgerechte Stücke schneiden.
Die Brühe durch ein Sieb gießen. In einem Topf die Butter zerlassen, das Mehl
zufügen und darin bräunen. $^{3}/_{4}$ l Brühe angießen und unter Rühren kurz
durchkochen lassen. Kuttelfleck zugeben. Alles mit Essig, Zucker, Pfeffer und
Salz süßsauer abschmecken. Die Gurken in kleine Würfel schneiden und
einrühren. Mit Petersilie bestreut zu Tisch bringen.

Selleriesuppe

1 große Sellerieknolle, 1 EL Butter, 1 $^{1}/_{4}$ l Fleischbrühe, 6 EL Schlagsahne,
1 Eigelb, Salz, frisch gemahlener weißer Pfeffer

Die Sellerieknolle waschen, schälen und in Würfel schneiden. In einem Topf die
Butter zerlassen, Selleriewürfel hineingeben und anschmoren, dabei hin und
wieder den Topf schütteln. Fleischbrühe zugießen, erhitzen und 45 Minuten
köcheln lassen. Die Selleriewürfel mit etwas Brühe im Mixer pürieren. Die
Masse wieder in den Topf geben. Sahne und Eigelb verquirlen und unterrühren.
Mit Salz und Pfeffer abschmecken. Dazu mit Butter oder Fett bestrichenes
Schwarzbrot reichen. Ein kühles Bier steht der Suppe auch recht gut.

Sorbische Hochzeitssuppe

Für die Suppe: 1 Möhre, 100 g Sellerie, 1 Zwiebel,
50 g Schweineschmalz, 1 Blumenkohl (300 g), 1 l Fleischbrühe,
Salz, 50 g kleine Suppennudeln (Sternchennudeln)
Für die Leberklößchen: 200 g Leber, 1 Ei, 1 Messerspitze abgeriebene Muskatnuß,
Salz, frisch gemahlener schwarzer Pfeffer, 2 EL Semmelbrösel
Für den Eierstich: 2 Eier, 2 EL Schlagsahne, 1 EL Butter, Salz

Für die Suppe Möhre und Sellerie putzen, waschen und zerkleinern. Die Zwiebel pellen und fein hacken. In einem Topf das Schmalz erhitzen, das Gemüse einfüllen, 8 Minuten garen und beiseite stellen. Den Blumenkohl putzen, in Röschen teilen, waschen und in Salzwasser 10 Minuten kochen. Abgießen und mit kaltem Wasser abschrecken.

Für die Klößchen die Leber durch den Fleischwolf geben, mit Ei, Muskat, Salz, Pfeffer und Semmelbröseln vermischen. 1 Stunde kalt stellen. Mit den Händen Klößchen formen.

Für den Eierstich die Eier mit Sahne und zerlassener, wieder ausgekühlter Butter verquirlen, durch ein Sieb gießen und salzen. In eine Tasse füllen, im heißen Wasserbad zum Stocken bringen und auskühlen lassen. Die Fleischbrühe erhitzen, Suppennudeln und Leberklößchen hineingeben. Kurz aufkochen lassen und bei geringer Hitze 10 Minuten köcheln. Das Sellerie-Möhren-Gemisch mit dem Gemüsewasser und die Blumenkohlröschen zugeben. Kurz erhitzen. Zuletzt den mit einem Teelöffel abgestochenen Eierstich zufügen. Die Suppe auf vorgewärmte Teller füllen.

FLEISCHGERICHTE

Fleischgerichte

Es ist hinlänglich bekannt, daß gebratene, gebackene und gefüllte Singvögel gern auf Tellern gesehen wurden. Als das Fangen der Lerchen verboten wurde, mußte man sich nach „Ersatz" umsehen. Weil in und um Leipzig herum die Wahl auf das Rindvieh fiel, sprach man bald von den „Rindfleischfressern".

Im kargen Vogtland und Erzgebirge ging es eher fleischlos zu. In guten Zeiten gab es den Sunndichsbraten aus Kaninchen- oder Schweinefleisch.

Auf die Dresdner färbte die feine Lebensart bei Hofe ab. Man aß nicht, man tafelte (und tut es noch)! Man darf Überraschungen erwarten: Verpacktes oder Gewickeltes mit interessantem Innenleben, mal gebacken, mal gebraten – und vor allem höfisch angehauchte Koch- und Servierkünste. Das ist nicht verwunderlich, denn die Verwandtschaft ist königlich: August der Starke, der Hufeisen wie Kuchenteig formen konnte, den Prunk, Glanz, Feste, und fremde Länder begeisterten, liebte vor allem schöne Frauen. Neben der angetrauten Eberhardine von Bayreuth hatte er etliche Nebenfrauen und demzufolge Schäferstündchen. Er soll Vater von 365 Kindern gewesen sein. Wenn man jetzt nachrechnet, wie viele Generationen – von anno dazumal bis heute – dazwischen liegen, weiß man, daß allerhand „echte" Sachsen mit dem starken August verwandt sein müssen. Das erklärt, weshalb die Sachsen nicht nur zügellose Schlemmer sind, sondern auch gern ihr eichner Geenich – mit Häuschen und Fabriggchen, damit jeder seinem Meisel (der Liebsten) zeigen kann, wie ficheland (umtriebig) er ist.

Und weil man am meisten liebt, was feichte, scheene labbrig, x-mal durchgemillert ieber de Libben gommt (man kaut eben nicht gern!), mag man Gehacktes, das vielerlei Talente zeigt (unter anderem hilft es sparen, wenn man es mit Semmeln streckt!), besonders gern. Man verwendet es als Hauptgericht oder als Füllung und zeigt dabei Würzkunst und viel Phantasie.

Bierfleisch

750 g Schweinekamm, 2 Zwiebeln, 30 g Butterschmalz, Salz,
frisch gemahlener schwarzer Pfeffer, 1 TL Kümmel, $^1/_4$ l Fleischbrühe,
$^1/_4$ l Bier, 1 EL Mehl, 2 Äpfel, 30 g Butter, 1 EL Mehl

Das Fleisch waschen, trockentupfen und in grobe Würfel schneiden. Die Zwiebeln pellen und fein hacken. In einem Topf das Butterschmalz erhitzen, die Zwiebeln hineingeben, kurz anschwitzen, das Fleisch zufügen und mit Salz, Pfeffer und Kümmel würzen. Fleischbrühe und Bier zugießen, erhitzen und 90 Minuten köcheln lassen. Das Mehl in wenig Wasser glattrühren und die Sauce damit binden. Die Äpfel schälen, das Kernhaus ausstechen und die Äpfel in 1 cm dicke Scheiben schneiden. In einer Pfanne die Butter erhitzen, die Apfelscheiben darin schwenken, herausnehmen, und auf dem Bierfleisch anrichten. Mit Klitschern (Kartoffelpuffer, Rezept Seite 61) zu Tisch bringen.

Gänsebraten

1 bratfertige Gans (3 kg), Salz, 2 Zweige Beifuß, 4 säuerliche Äpfel,
1 EL Stärkemehl, 100 ml Schlagsahne

Die Gans innen und außen mit Salz einreiben. In die Bauchhöhle die Beifußzweige legen. Die Äpfel waschen, schälen, in Viertel teilen, dabei das Kernhaus entfernen und ebenfalls in den Gänsebauch geben. Die Öffnung mit Küchengarn zunähen. Eine Deckelpfanne 3 cm hoch mit Wasser füllen und zum Kochen bringen. Die Gans mit der Brustseite nach unten hineingeben.
Zugedeckt im vorgeheizten Backofen bei 190 Grad etwa 1 Stunde garen, die Gans wenden und mit dem Bratfond begießen. In der Schwanzgegend mehrfach einstechen, damit das Fett ablaufen kann. Das bisher ausgetretene Fett abschöpfen. Nach einer weiteren Bratzeit und mehrmaligem Wenden und Begießen den Deckel abnehmen, die Gans mit kaltem Salzwasser einpinseln und noch weitere 10 Minuten knusprig braten. Herausnehmen und warm stellen.
Die Sauce durch ein Sieb in einen Topf gießen, entfetten und erhitzen. Das Stärkemehl in wenig kaltem Wasser verrühren und die Sauce damit binden. Zuletzt die Sahne einrühren. Mit Kartoffelklößen und Rotkraut servieren.

Kaninchenbraten

1 küchenfertiges Kaninchen (etwa 1,5 kg),
3 Zwiebeln, 3 Knoblauchzehen, 30 g Butterschmalz,
1 Salbeizweig, Salz, frisch gemahlener schwarzer Pfeffer,
2 EL Mehl, ¹/₂ l Buttermilch

Das Kaninchen waschen, trockentupfen und in 8 Stücke teilen. Die Zwiebeln und die Knoblauchzehen pellen und klein hacken. In einem Topf das Butterschmalz erhitzen und das Fleisch ringsum anbraten. Zwiebeln, Knoblauch, Salbei, Salz und Pfeffer zufügen und alles mit Mehl bestäuben. Die Buttermilch angießen, zum Kochen bringen und 60 Minuten köcheln lassen. Das Fleisch auf einer vorgewärmten Platte anrichten. Die Sauce etwas einkochen. Mit Kartoffelklößen zu Tisch bringen.

Koteletts in Kümmelsauce

4 Schweinskoteletts à 200 g,
Salz, frisch gemahlener schwarzer Pfeffer,
50 g Butterschmalz, 1 Zwiebel, 2 TL Kümmel, 60 g Butter,
1 Glas Weißwein, ¹/₄ l Fleischbrühe,
2 Eigelb, 100 ml dunkles Bier

Die Koteletts an den Rändern 2- bis 3mal einschneiden. Auf beiden Seiten mit Salz und Pfeffer einreiben. In einer Pfanne das Butterschmalz erhitzen und das Fleisch auf jeder Seite 5 Minuten braten. Herausnehmen und warm stellen. Das Bratfett abgießen.
Die Zwiebel schälen und in kleine Würfel schneiden. In der Pfanne 30 g Butter erhitzen, Zwiebel und Kümmel hineingeben und kurz anschwitzen. Weißwein und Fleischbrühe zugießen. Alles auf die Hälfte einkochen. Durch ein Sieb geben. Die restliche Butter einrühren und warm stellen. Eigelb und Bier im Wasserbad mit einem Schneebesen zu einer Creme aufschlagen und unter die Kümmelsauce ziehen. Abschmecken. Die Koteletts auf vorgewärmte Teller geben und die Sauce angießen. Dazu Petersilienkartoffeln reichen.

Lammtopf

800 g Lammfleisch, 30 g Butterschmalz, Salz,
frisch gemahlener schwarzer Pfeffer, 3 Zwiebeln, 3 Knoblauchzehen,
4 Stengel Salbei, 1 Kohlrabi, ¹/₄ l Fleischbrühe, 100 ml Schlagsahne,
4 EL gehackte Kräuter

Das Fleisch in Würfel schneiden. Butterschmalz in einem Topf erhitzen und das Fleisch darin anbraten. Mit Salz und Pfeffer würzen. Zwiebeln und Knoblauchzehen schälen und kleinschneiden. Salbeiblättchen abstreifen. Den Kohlrabi schälen und in kleine Stücke schneiden. Alles zum Fleisch geben. Die Brühe angießen. Alles zum Kochen bringen und etwa 40 Minuten köcheln lassen. Die Sahne einrühren. Zuletzt die gehackten Kräuter zufügen und mit Petersilienkartoffeln servieren.

Oberlausitzer Fleischtopf mit Äpfeln

750 g Schweinekamm, 4 Zwiebeln, 4 Äpfel,
Salz, frisch gemahlener schwarzer Pfeffer, 1 EL Butter, 1 TL Salbei,
Butter für die Form, 100 ml Brühe

Das Fleisch in Würfel schneiden. Die Zwiebeln pellen und grob zerkleinern. Die Äpfel schälen, in Viertel teilen und dabei das Kernhaus entfernen. Eine feuerfeste Form ausbuttern. Fleisch, Zwiebeln und Äpfel hineinschichten. Salz, Pfeffer und Salbei darüber streuen. Die Brühe angießen. Im vorgeheizten Backofen bei 200 Grad 70 Minuten garen. Mit Mauke (Kartoffelbrei) servieren.

Oberlausitzer Gewiegtesbrutl
(Hackbraten)

1 Zwiebel, 2 gekochte Kartoffeln, 500 g Gehacktes (halb Rind, halb Schwein),
Salz, frisch gemahlener schwarzer Pfeffer, ¹/₂ TL Kümmel,
¹/₂ TL mittelscharfer Senf, Öl zum Ausbraten

Die Zwiebel und die Kartoffeln pellen. Die Zwiebel fein hacken und die Kartoffeln mit einer Gabel zerdrücken. Das Fleisch in eine Schüssel füllen. Zwiebel, Kartoffeln, Salz, Pfeffer, Kümmel und Senf zugeben. Alles gut vermischen. Kleine Klößchen formen. In einer Pfanne das Öl erhitzen und die Klößchen darin knusprig braten. Kartoffelbrei dazu reichen.

Tip: Anstelle der Kartoffeln kann auch eine eingeweichte, ausgedrückte Semmel verwendet werden.

Oberlausitzer Osterlammtopf

2 kg Lammkeule, 2 Zwiebeln, 4 Knoblauchzehen, 200 g durchwachsener Speck,
100 g Butterschmalz, Salz, frisch gemahlener schwarzer Pfeffer,
2 EL mittelscharfer Senf, 1 Lorbeerblatt, etwas Thymian, ³/₄ l Rotwein

Das Fleisch vom Knochen lösen und in Würfel schneiden. Die Zwiebeln und die Knoblauchzehen pellen und fein schneiden. Den Speck in feine Streifen schneiden. In einem Topf das Butterschmalz erhitzen, Fleischwürfel und Speckscheiben darin anbraten. Zwiebeln, Salz, Pfeffer, Senf, Lorbeerblatt und Thymian zufügen. Rotwein angießen, Knoblauch zugeben. Zum Kochen bringen und zugedeckt 1 Stunde köcheln lassen. Das Lorbeerblatt entfernen und mit Petersilienkartoffeln servieren.

Osterbräuche haben in der Oberlausitz eine lange Tradition. Viele Künste, wie das Verzieren von Ostereiern, werden von Generation zu Generation weitervermittelt. Jedes Jahr werden neue, wunderschöne Muster in vielfältiger Farbigkeit mit Gänsefedern oder Stecknadeln auf die zuvor mit Wachs abgedeckte, zerbrechliche Ware gezaubert.

Zum Osterfest gehören auch die stattlichen Männer in Gehrock und Zylinder, bereit zum Osterritt auf herausgeputzten Pferden. Dereinst wollte man mit diesen Ritten über die zu bestellenden Felder (und um sie herum) die Dämonen vertreiben. Es ist schön anzusehen und feierlich zugleich, wenn sich die berittene Schar von Dorf zu Dorf bewegt. Überall steht für sie eine Stärkung bereit: Es gibt Kräftiges und Süßes. Und auch der Hochprozentige kommt nicht zu kurz.
Wehe, wer nicht ans heilkräftige Osterwasser gedacht hat! Dem fehlt das Mittel gegen Liebesweh, vorzeitiges Altern, Krankheit und Warzen! Genau um Mitternacht vor Ostern muß es (schweigend!!!) geholt werden – aber nur aus fließendem Gewässer, sonst hilft es nicht.

Pökelzunge in Weinsauce

800 g gegarte Ochsenpökelzunge, 30 g Butterschmalz, 2 EL gehackte Zwiebel,
1 EL Mehl, $^1/_4$ l Fleischbrühe, Salz, frisch gemahlener schwarzer Pfeffer,
$^1/_4$ l Rotwein, 2 EL verlesene, gewaschene Rosinen

Die enthäutete Zunge in Scheiben schneiden und in leicht gesalzenem Wasser erhitzen. Herausnehmen und warm stellen. In einem Topf das Butterschmalz erhitzen und die Zwiebel darin andünsten. Mehl darüberstäuben. Die Brühe angießen und unter Rühren zum Kochen bringen. Würzen. Wein und Rosinen zugeben. Die Zungenscheiben auf vorgewärmten Tellern anrichten und die Sauce angießen. Als Beilagen eignen sich Wickelklöße (Rezept S. 67) oder Petersilienkartoffeln.

Sächsischer Kräuterschmorbraten

*1 kg Rinderbraten (Hohe Rippe), je 1 EL Thymian, Estragon, Basilikum, Petersilie,
1/8 l Rotwein (Portugieser), Salz, frisch gemahlener schwarzer Pfeffer,
1 Wurzelwerk (Zwiebel, Möhre, Petersilienwurzel), 4 EL Sonnenblumenöl,
¹/₈ l Fleischbrühe, 1 EL Mehl*

Das Fleisch waschen, trockentupfen, mit Thymian, Estragon, Basilikum und
Petersilie einreiben, in eine Schüssel geben und·mit dem Rotwein begießen.
Zugedeckt 24 Stunden ziehen lassen, dabei mehrmals wenden. Das Fleisch her-
ausnehmen, trockentupfen und mit Salz und Pfeffer einreiben.
Das Wurzelwerk putzen, waschen und zerkleinern. In einem Topf das Öl er-
hitzen, das Fleisch ringsum anbraten, Wurzelwerk, Brühe und den Rotweinsud
zugeben. Erhitzen und 90 Minuten schmoren lassen. Das Fleisch herausnehmen
und warm stellen. Die Sauce durch ein Sieb geben. Das Mehl in wenig kaltem
Wasser anrühren und die Sauce damit binden. Dazu schmecken Griegeniffte
(Rezept S. 62), Wickelklöße (Rezept S. 67), Klitscher (Rezept S. 61), Brutabern
(Rezept S. 65) oder Bambes (Rezept S. 68).

Sächsischer Rehbraten

*1,5 kg Rehrücken, Salz, frisch gemahlener schwarzer Pfeffer, 6 Salbeiblätter,
2 Karotten, 1 Zwiebel, 1 Knoblauchzehe, 50 g Butterschmalz,
4 Wacholderbeeren, 6 EL Rotwein, ¹/₄ l Brühe, 1 EL Mehl, 4 EL Preiselbeeren*

Das Fleisch von Fett und Sehnen befreien und mit Salz, Pfeffer und Salbeiblättern
einreiben. Die Karotten putzen, waschen und in Scheiben schneiden. Zwiebel
und Knoblauchzehe pellen und fein hacken. In einem Bräter das Butterschmalz
erhitzen, das Fleisch hineingeben und ringsum anbraten. Das Fleisch mit dem
Rücken nach unten legen und zerdrückte Wacholderbeeren, Karotten, Zwiebel,
Knoblauchzehe, Rotwein und Brühe zugeben. Alles 40 Minuten garen. Den
Braten herausnehmen und warm stellen. Die Sauce durch ein Sieb geben, dabei
das Gemüse mit durchdrücken. Das Mehl in wenig kaltem Wasser verrühren und
die Sauce damit binden. Zuletzt die Preiselbeeren einrühren, kurz erhitzen. Den
Braten auf einer Platte anrichten und die Sauce extra dazu reichen. Mit Griege-
nifften (Rezept S. 62), Wickel- oder Watteklößen (Rezepte S. 67 u. 69) auftragen.

Sächsischer Senfbraten

1,5 kg Schweinerollbraten, Salz, frisch gemahlener schwarzer Pfeffer,
2 EL mittelscharfer Senf, 40 g Butterschmalz, 2 Zwiebeln,
1 Wurzelwerk (Zwiebel, Möhre, Petersilienwurzel), 2 Gewürznelken,
1/8 l Fleischbrühe, 1/4 l Weißwein (Riesling), 1 EL Mehl

Das Fleisch mit Salz und Pfeffer würzen, mit Senf bestreichen, aufrollen und mit Küchengarn zusammenbinden. In einem Topf das Butterschmalz erhitzen, den Rollbraten hineingeben und ringsum anbraten. Die Zwiebeln schälen und in Würfel schneiden. Das Wurzelwerk putzen, waschen und zerkleinern. Zwiebeln, Wurzelwerk, Gewürznelken und Brühe zum Fleisch geben. Erhitzen und bei geschlossenem Deckel 30 Minuten köcheln lassen. Den Wein angießen und alles weitere 60 Minuten köcheln lassen.
Das Fleisch herausnehmen und warm stellen. Die Sauce durch ein Sieb geben. Das Mehl in wenig Wasser anrühren und die Sauce damit binden. Das Fleisch in Scheiben schneiden und mit der Sauce zu Tisch bringen. Dazu schmecken Wickelklöße (Rezept S. 67), Griegenuffte (Rezept S. 62), Klitscher (Rezept S. 61) oder Rauche Mad (Rezept S. 66).

Schmorbraten in Morchelrahm

30 g getrocknete Morcheln, 2 Zwiebeln, 1,5 kg Rindfleisch aus der Keule,
Salz, frisch gemahlener schwarzer Pfeffer, 4 TL getrockneter Rosmarin,
40 g Butterschmalz, 1/8 l Rotwein, 1/8 l Fleischbrühe, 1/8 l Schlagsahne

Die Morcheln in 1/4 l warmem Wasser einweichen. Die Zwiebeln schälen und fein hacken. Das Fleisch mit Salz und Pfeffer einreiben und mit Rosmarin spicken. Das Butterschmalz erhitzen, das Fleisch darin anbraten, die Zwiebeln zugeben und den Rotwein angießen. Zugedeckt 30 Minuten schmoren lassen. Die Brühe und die Morcheln mit der Flüssigkeit zugeben. Alles 60 Minuten köcheln lassen. Das Fleisch herausnehmen und warm stellen. Die Sahne mit dem Fond verrühren und die Sauce etwas einkochen. Das Fleisch in Scheiben schneiden, auf vorgewärmten Tellern anrichten und etwas Sauce angießen. Salzkartoffeln oder Kartoffelklöße dazu reichen.

Scherbelberger Spatz auf Specksauerkraut
(Eisbein)

1 Wurzelwerk (Zwiebel, Möhre, Petersilienwurzel), 2 gepökelte Schweinshaxen,
8 Pfefferkörner, 1 Lorbeerblatt, ¹/₄ l Bier, ¹/₄ l Brühe, 30 g Butter, 1 EL Mehl
Für das Sauerkraut: 1 Zwiebel, 1 EL Butterschmalz, 1 kg Sauerkraut,
1 EL Kümmel, 1 Lorbeerblatt, 4 Wacholderbeeren, 1 TL Zucker,
1 Wurzelwerk, 250 g durchwachsener Speck, ¹/₄ l Fleischbrühe

Das Wurzelwerk putzen, grob zerkleinern und mit dem Fleisch, den Gewürzen und so viel Wasser, daß das Fleisch bedeckt ist, zum Kochen bringen. 2 Stunden köcheln lassen. Das Fleisch herausnehmen, auf das Backblech legen und im vorgeheizten Backofen bei 225 Grad 8-10 Minuten knusprig braten. Dabei mehrmals mit Bier begießen. Herausnehmen und warm stellen. Die Brühe erhitzen und den Bratensatz und das restliche Bier zufügen. Die Butter zerlassen, vom Herd nehmen, das Mehl darin verrühren und nach und nach die Brühe zugießen. Kurz aufkochen lassen.

Für das Sauerkraut die Zwiebel schälen, in kleine Würfel schneiden und im Butterschmalz andünsten. Sauerkraut, Gewürze und das geputzte, zerkleinerte Wurzelwerk zugeben. Den Speck obenauf legen und die Brühe angießen. Alles zum Kochen bringen und 45 Minuten köcheln lassen. Mit dem Scherbelberger Spatz servieren. Kartoffelklöße oder Majorankartoffeln dazu reichen.

Notizen & weitere Rezepte:

FISCHGERICHTE

Fischgerichte

Eine gewisse Leidenschaft für Lachse, Forellen, Heringe, Karpfen, Krebse und Schnecken ist den Sachsen nicht abzusprechen – nur ist sie im Laufe der Zeit verkümmert, weil diese Küchengenüsse nicht mehr so leicht zu bekommen waren. Die Altvorderen hatten es da besser: Die vor drei Jahrhunderten eingeführte „sächsische Küchenpost" brachte Delikatessen wie Austern, Langusten, Hummer, Seefische lebend(!) direkt vom Hamburger Markt nach Leipzig und Dresden. Aber auch heute noch sind Heringe in verschiedenen Variationen auf Tellern oder in Schüsseln sehr beliebt, und auch die Forelle hat ihren festen Platz auf dem Speiseplan. Und ein Silvester ohne Karpfen? Undenkbar!

Die Schriftstellerin Lene Voigt muß eine recht enge Beziehung zum Hering gehabt haben. Im Klassenaufsatz Nr. 3 läßt sie Lieschen erzählen: „Der Hering lebt im Meere und ist salzig. Deswegen ist das Meerwasser auch salzig. Mann kann es (auch) nicht trinken. Wenn die Mutter einen Hering wässert, wird das Wasser auch salzig. Der Hering hat viele Namen. Wenn er gebacken wird, heißt er grüner Hering. Er ist aber gar nicht grün, sondern ganz silbrig. Wenn er in einer braunen Brühe schwimmt, heißt er Brathering. Wenn ein junges Mädchen noch lange Zöpfe hat, heißt sie Backfisch, das ist aber kein Hering. Ich möchte es nicht werden, denn die Gymnasiasten zupfen immer dran. Wenn der Hering keine Brühe hat und geräuchert ist, heißt er Bückling. Wenn der Hering zusammengewickelt ist mit einem Hölzchen drin, heißt er Rollmops. So einen kriegt Vater immer früh von der Mutter, wenn er abends in der Schützengesellschaft war. Er bekommt ihm aber gar nicht gut, denn er sieht allemal ganz blaß aus. Dann lacht die Mutter und sagt: Ja, ja, das kommt davon."

Bratheringe

1 kg küchenfertige grüne Heringe, Salz, 4 EL Zitronensaft, 2 EL Mehl,
1 Ei, 100 g Semmelbrösel, 80 g Butterschmalz
Für die Marinade: 2 Zwiebeln, 1 TL Zucker, $^1\!/_2$ TL Salz, 10 Pfefferkörner,
2 Nelken, 1 Lorbeerblatt, 1 Dillblüte, $^1\!/_2$ l Weißwein (Riesling), $^1\!/_2$ l Kräuteressig

Die Heringe salzen und mit Zitronensaft beträufeln, in Mehl, dann in verquirltem Ei und Semmelbröseln wälzen. In einer Pfanne das Butterschmalz erhitzen, die Heringe darin auf jeder Seite 4 Minuten knusprig braten. Herausnehmen, auskühlen lassen und in ein Tongefäß legen.
Für die Marinade die Zwiebeln schälen, in Scheiben schneiden und in einen Topf legen. Zucker, Salz, Pfefferkörner, Nelken, Lorbeerblatt und Dill dazugeben, Weißwein und Essig aufgießen, alles verrühren und kurz aufkochen lassen. Ausgekühlt über die Heringe geben. Zugedeckt 3 Tage ziehen lassen.

Fischröllchen

4 Rotbarschfilets (à 200 g), Salz, frisch gemahlener schwarzer Pfeffer,
Saft von 1 Zitrone, 2 Zwiebeln, 4 Gewürzgurken, 1 EL mittelscharfer Senf,
$^1\!/_2$ TL frischer geriebener Meerrettich, 50 g Butterschmalz,
$^1\!/_4$ l Weißwein (Riesling), 1 EL Mehl

Die Filets mit Salz und Pfeffer einreiben und mit Zitronensaft beträufeln. Die Zwiebeln schälen und fein hacken, die Gurken in kleine Würfel schneiden. Senf und Meerrettich auf den Fisch geben, aufrollen und mit Küchengarn zusammenhalten. In einem Topf das Butterschmalz erhitzen, die Röllchen hineingeben und ringsum anbraten. Den Wein zugießen. Bei milder Hitze 15 Minuten garen. Die Röllchen herausnehmen und warm stellen. Das Mehl in wenig kaltem Wasser anrühren, die Sauce damit binden. Petersilienkartoffeln dazu reichen.

Forelle blau

4 frische, küchenfertige Forellen, Salz, $^1/_4$ l Weißweinessig
Für die Sauce: 50 g Butter, 1 EL Mehl, $^1/_4$ l Weißwein (Riesling),
$^1/_4$ l Fischfond, frisch gemahlener schwarzer Pfeffer, 4 EL Zitronensaft,
2 EL gehackter Dill, 4 Eigelb

Die Forellen waschen und leicht salzen. $^1/_2$ l Wasser mit dem Essig zum Kochen bringen und heiß über die Forellen gießen. In einem Topf Salzwasser erhitzen, die Forellen hineingeben, kurz aufkochen und 15 Minuten ziehen lassen.
Für die Sauce die Butter in einem Topf zerlassen, das Mehl darin anschwitzen, Weißwein und Fischfond zugießen und fünf Minuten köcheln lassen. Vom Herd nehmen. Mit Salz und Pfeffer abschmecken. Zitronensaft und Dill unterrühren. Zuletzt mit einem Schneebesen das Eigelb unterrühren. Als Beilage eignen sich Petersilienkartoffeln.

Tip: Die empfindliche Schleimhaut der Forelle darf nicht beschädigt werden. Der Fisch wird sonst nicht gleichmäßig blau.

Gebratene Forelle

4 küchenfertige Forellen, Salz, frisch gemahlener schwarzer Pfeffer,
30 g Mehl, 80 g Butterschmalz, 100 g Butter, 2 Zitronen

Die Fische waschen und trockentupfen. Innen und außen mit Salz und Pfeffer einreiben und im Mehl wälzen. In einer Pfanne das Butterschmalz erhitzen, die Forellen hineingeben und auf jeder Seite 8 Minuten braten. Herausnehmen und auf vorgewärmten Tellern anrichten. Zerlassene Butter und Zitronenscheiben daraufgeben. Mit Petersilienkartoffeln servieren.

Karpfen in Weinsauce

*1 küchenfertiger Karpfen (etwa 1 kg), Salz, 2 EL Mehl, 30 g Butterschmalz,
1 Knoblauchzehe, ¹/₄ l Weißwein (Traminer)*

Den Karpfen quer in Scheiben schneiden. Die Scheiben salzen und im Mehl
wälzen. In einem Topf das Butterschmalz erhitzen und die Fischscheiben hineingeben. Die Knoblauchzehe schälen, in Scheiben schneiden und zum Fisch geben.
Wein angießen. Alles 20 Minuten garen. Mit Petersilienkartoffeln auftragen.

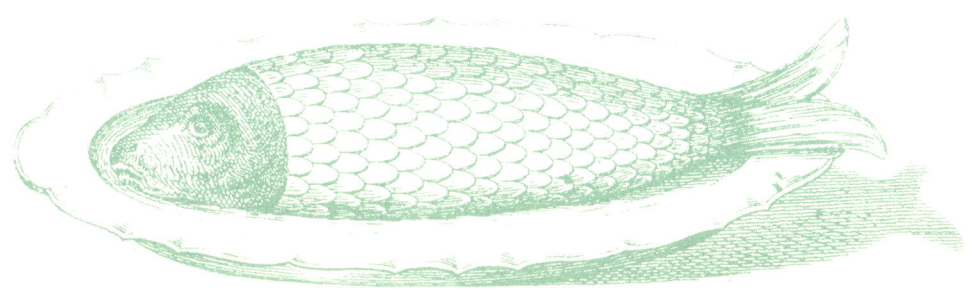

Matjesfilet mit pikanter Sauce

*¹/₂ l Milch, 8 Matjesfilets
Für die Sauce: ¹/₂ l saure Sahne, 2 EL Mayonnaise, 1 TL Zucker,
frisch gemahlener weißer Pfeffer, 4 EL Weinessig, 2 Zwiebeln,
2 Äpfel, 2 Gewürzgurken*

Die Milch in eine Schüssel füllen und die Matjesfilets 2 Stunden hineinlegen.
Für die Sauce Sahne, Mayonnaise, Zucker, Pfeffer und Essig verrühren. Die
Zwiebeln schälen und in feine Ringe schneiden. Die Äpfel schälen, in Viertel,
dann in feine Scheiben schneiden, dabei das Kernhaus entfernen. Die Gurken
ebenfalls in feine Scheiben schneiden. Zwiebel-, Apfel- und Gurkenscheiben zur
Sauce geben und verrühren. Die Matjesheringe ebenfalls hineinlegen. Zugedeckt
über Nacht ziehen lassen. Dazu schmecken Petersilienkartoffeln oder kräftiges
Landbrot und ein Glas gut gekühltes Pils.

Oberlausitzer Apfelheringe

*8 Salzheringsfilets, 4 Äpfel, 1 EL geriebener Meerrettich, $^1/_2$ Lorbeerblatt,
4 Gewürzkörner, $^1/_4$ l saure Sahne, $^3/_8$ l Milch*

Die gewässerten Heringsfilets in eine Schüssel legen. Die Äpfel schälen, raspeln und mit dem Meerrettich vermischen. Lorbeerblatt, zerdrückte Gewürzkörner, saure Sahne und Milch zugeben und über die Heringsfilets gießen. Zugedeckt durchziehen lassen. Mit Pellkartoffeln zu Tisch bringen.

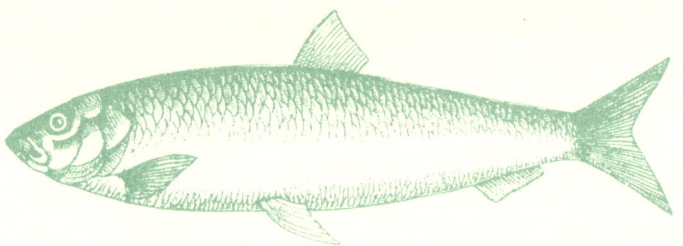

Wernesgrüner Bierkarpfen

*1 küchenfertiger Karpfen (etwa 2 kg), 2 Zwiebeln, $^1/_2$ Sellerie,
30 g Butterschmalz, 100 g Semmelbrösel, Salz, 8 Pfefferkörner,
$^1/_2$ Lorbeerblatt, 1 l Pilsner*

Den Karpfen quer in Scheiben schneiden. Die Zwiebeln und den Sellerie schälen, die Zwiebeln in dünne Scheiben, den Sellerie in Streifen schneiden. In einem Topf das Butterschmalz erhitzen, das Gemüse einfüllen und 5 Minuten dünsten. Semmelbrösel darüberstreuen. Die Karpfenscheiben salzen und darauflegen, zerdrückte Pfefferkörner und das Lorbeerblatt daraufgeben. Das Bier angießen. Zugedeckt 15 Minuten garen. Die Karpfenscheiben herausnehmen, auf einer Platte anrichten und warm stellen. Die Sauce durch ein Sieb streichen. Als Beilage Petersilienkartoffeln servieren.

Notizen & weitere Rezepte:

GEMÜSEGERICHTE

Gemüsegerichte

„Wir sollen einen Aufsatz über den Garten im Frühling schreiben. Viele Leute haben aber gar keinen Garten, die müssen in eine Gartenwirtschaft gehen. Spargel und Bohnen wachsen da nicht, aber Siedewürstchen und Bier. Wir haben einen Garten, das ist ein Schrebergarten. Da hat der Vater Mist hinfahren lassen vom Fleischer Fuchs, der hat sehr schlecht gerochen. Weil er so schlecht gerochen hat, ist er gleich eingegraben worden. Die Mutter hat Möhren und Erbsen darauf gesät. Die konnten aber den Geruch auch nicht vertragen und haben bald ihre Köpfe aus der Erde hervorgestreckt. Wenn sie groß sind, kann man sie essen, das nennt man Leipziger Allerlei." So steht es in Lieschens Klassenaufsatz Nr. 1, aufgeschrieben von der Nationaldichterin Lene Voigt.

In Sachen Gemüse ist man in Sachsen nicht gerade bescheiden. Man liebt es vielfältig, frisch und farbenfroh. Zum scheensten Vergniechen geheert das Fliehlinksgemüse, das zurechtgemacht als Leipziger Allerlei, garniert mit Morcheln und Krebsschwänzen, nicht nur auf Bürgertische kam, man mochte es auch bei Hofe. Es war Bestandteil eines jeden festlichen und fürstlichen Essens. Phantasie und Kreativität machten auch vor anderen Gemüsearten nicht halt. Aus Kraut, Lauch, Erbsen, Blumenkohl, Gurken, Schwarzwurzeln, Kartoffeln und Zwiebeln werden unvergeßliche Gaumenfreuden bereitet. Sogar Torten steht Gemüse gut. Jetzt sind se neigierig, was?

Blumenkohlröschen mit Schinkensauce

1 Blumenkohl, Salz, 125 g durchwachsener Speck, 30 g Butterschmalz, 2 EL Mehl, 400 ml Milch, ¹/₄ l Fleischbrühe, 250 g gekochter Schinken, 4 EL Schnittlauchröllchen, frisch gemahlener schwarzer Pfeffer, Saft von ¹/₂ Zitrone, 2 Eigelb

Den Blumenkohl putzen, waschen, in Röschen teilen und in Salzwasser 15 Minuten garen. Den Speck in kleine Würfel schneiden und kroß ausbraten. Herausnehmen und beiseite stellen. In dem Speckfett das Butterschmalz zerlassen, das Mehl einrühren und kurz durchschwitzen. Milch und Brühe zugießen, unter Rühren aufkochen lassen und danach bei milder Hitze 10 Minuten köcheln lassen. Den Schinken in feine Streifen schneiden und mit den Schnittlauchröllchen zur Sauce geben. 5 Minuten darin ziehen lassen. Mit Salz,

Pfeffer und Zitronensaft abschmecken. Vom Herd nehmen. Das Eigelb verquirlen und unter die Sauce ziehen. Die Blumenkohlröschen mit einem Schaumlöffel herausnehmen, auf vorgewärmten Tellern anrichten, die Sauce darübergießen und die kroßen Speckwürfel aufstreuen. Petersilienkartoffeln dazu reichen.

Bornaer Apfel-Zwiebel-Gemüse

500 g Zwiebeln, 500 g Äpfel, 50 g Butter, $^1/_8$ l Fleischbrühe,
Salz, frisch gemahlener schwarzer Pfeffer

Die Zwiebeln schälen und in dünne Scheiben schneiden. Die Äpfel schälen, in Spalten teilen und dabei das Kernhaus entfernen. In einem Topf die Butter erhitzen, Zwiebelscheiben und Apfelspalten dazugeben und kurz durchschwitzen lassen. Die Brühe angießen, erhitzen und alles 10 Minuten köcheln lassen. Mit Salz und Pfeffer abschmecken. Gut verrühren. Dazu schmeckt Kartoffelbrei und Bratwurst.

Erbsenauflauf

2 Zwiebeln, 30 g Butter, 600 g ausgepalte Erbsen, Salz, 3 EL saure Sahne,
30 g Butterschmalz, Kartoffelbrei von 750 g Kartoffeln,
250 g gekochter Schinken, 4 EL Reibekäse

Die Zwiebeln schälen und fein hacken. In einem Topf die Butter erhitzen, die Zwiebeln darin glasig werden lassen. Die Erbsen zugeben und 1/8 l Wasser angießen. Salzen und 10 Minuten garen. Die Flüssigkeit abgießen. Die Hälfte der Erbsen pürieren und mit der sauren Sahne vermischen.
Eine Auflaufform mit Butterschmalz ausreiben, die pürierte Erbsenmasse einfüllen, den Kartoffelbrei darauf verteilen, die restlichen Erbsen und den kleingeschnittenen Schinken obenauf geben. Mit Reibekäse bestreuen. Im vorgeheizten Backofen bei 180 Grad 30 Minuten überbacken.

Erbsengemüse

1 kg Erbsenschoten, 1 EL Butter, Salz, 1 TL Zucker,
1/2 TL abgeriebene, unbehandelte Zitronenschale,
1 EL frische zarte gehackte Minzeblättchen

Die Erbsen palen. In einem Topf die Butter erhitzen, Erbsen hineingeben und etwas Wasser zugießen. Mit Salz und Zucker würzen und zugedeckt 5 Minuten dünsten. Zitronenschale und Minzeblättchen unterrühren.

Gefüllte Zwiebeln

6 große Zwiebeln, 1 l Fleischbrühe, 500 g Gehacktes (halb Rind, halb Schwein),
Salz, 2 Knoblauchzehen, frisch gemahlener schwarzer Pfeffer,
1/2 TL geriebene, unbehandelte Zitronenschale, 2 EL gehackte Petersilie,
1 hartgekochtes Ei, 30 g Butter, 2 EL Reibekäse, Butter für die Auflaufform

Die Zwiebeln schälen, in einen Topf geben, die Brühe angießen, zum Kochen bringen und 12 Minuten garen. Die Zwiebeln herausnehmen, halbieren, etwas vom Inneren herauslösen und fein schneiden. Das Fleisch mit Salz, ausgedrückten Knoblauchzehen, Pfeffer, Zitronenschale und Petersilie vermischen. Das Ei schälen, fein hacken und mit dem Inneren der Zwiebel zum Fleisch geben. Alles gut vermischen. Mit der Masse die Zwiebelhälften füllen.
Eine Auflaufform ausbuttern, die Zwiebeln hineinsetzen, etwas Brühe angießen und im vorgeheizten Backofen bei 200 Grad 10 Minuten garen. Käse darüberstreuen, Butterflöckchen aufsetzen und weitere 5 Minuten überbacken. Mit Kartoffelbrei oder Petersilienkartoffeln auftragen.

Tip: Besonders lecker schmeckt das Gericht, wenn auf dem Kartoffelbrei knusprige Zwiebelringe thronen. Dafür braucht man 250 g Zwiebeln, 1/8 l Milch, 4 EL Mehl und Butterschmalz zum Ausbacken. Die Zwiebeln schälen und in Ringe schneiden. 10 Minuten in Milch legen. Abtropfen lassen und in Mehl panieren. Das Butterschmalz in einer Pfanne erhitzen und die Zwiebelringe darin goldgelb ausbacken.

Kohlrouladen

1 Weißkohl (750 g), Salz, 1 Brötchen, 400 g Gehacktes (halb Schwein, halb Rind),
1 Zwiebel, Salz, frisch gemahlener schwarzer Pfeffer,
1 Messerspitze abgeriebene Muskatnuß, $^1/_2$ TL Kümmel, 1 EL gehackte Petersilie,
50 g Butterschmalz, $^1/_4$ l Fleischbrühe, 8 EL Schlagsahne

Den Weißkohl putzen, waschen, abtropfen lassen, den Strunk herausstechen und in kochendes Salzwasser legen. 30 Minuten köcheln lassen. Das Brötchen in Wasser einweichen, nach einigen Minuten ausdrücken. Das Gehackte in eine Schüssel füllen. Die Zwiebel schälen, in kleine Würfel schneiden und zusammen mit dem ausgedrückten Brötchen, Salz, Pfeffer, Muskat, Kümmel und Petersilie zum Fleisch geben. Gut vermischen. Den Weißkohl aus dem Topf nehmen, abtropfen und auskühlen lassen. Die Blätter ablösen und die dicken Rippen entfernen. Jeweils 2-3 Blätter übereinanderlegen, salzen, etwas von der Fleischmasse daraufgeben und die Kohlblätter zusammenrollen. Mit Küchengarn zusammenhalten. In einem Bräter Butterschmalz erhitzen, die Kohlrouladen hineingeben und rundherum braun braten. Die Fleischbrühe angießen. Zugedeckt im vorgeheizten Backofen bei 180 Grad 50 Minuten garen. Die Kohlrouladen herausnehmen, das Garn entfernen. Die Sauce mit Sahne verfeinern und abschmecken. Salzkartoffeln dazu reichen.

Leipziger Allerlei

250 g Spargel, 250 g Karotten, 250 g Prinzeßbohnen, 250 g Morcheln,
1 Blumenkohl (300 g), ¹/₄ l Milch, 200 g Butter, Salz, 1 EL Zucker,
2 EL Krebsbutter, 1 Bund Petersilie, Krebsschwänze von gegarten Flußkrebsen

Spargel, Karotten, Bohnen und Blumenkohl putzen und waschen. Die Morcheln kurz überbrühen. Spargel und Bohnen in Stücke, Karotten und Morcheln in feine Scheiben schneiden. Den Blumenkohl in kleine Röschen teilen. Die Milch und ¹/₄ l Wasser zusammengießen, Blumenkohlröschen einfüllen, zum Kochen bringen und 10 Minuten köcheln lassen. 50 g Butter zerlassen und die Morcheln darin ebenfalls 10 Minuten garen. Karotten in Salzwasser zusammen mit dem Zucker, Spargel und Bohnen jeweils getrennt in Salzwasser 10 Minuten garen. Dabei darauf achten, daß das Gemüse bißfest bleibt. Das Gemüse, die Morcheln ausgenommen, in der restlichen, zerlassenen und gesalzenen Butter schwenken und auf einer Platte anrichten. Die Morcheln obenauf legen. Die Krebsbutter erhitzen und das Gemüse damit überglänzen. Petersilie waschen und abtropfen lassen. Für die Garnitur kleine Sträußchen davon anfertigen und das Gemüse damit dekorieren. Die Krebsschwänze aus der Schale nehmen und auf dem Gemüse anrichten.

Tip: Für das Leipziger Allerlei kann je nach Saisonangebot das Gemüse variiert werden. Kohlrabi und junge Erbsen passen z. B. sehr gut zu jungen Möhren. Nicht in allen Bürgerhäusern wurde das Gemüse separat gegart und auf Platten angerichtet. Ein Eintopf, in dem sich vielfältiges, farbenfrohes Frielinksgemiese tummelte, wurde hie und da auch Leipziger Allerlei genannt.

Rotkraut

1 kg Rotkraut, 50 g Schweine- oder Gänseschmalz, Salz, 4 EL Zucker,
6 EL Weinessig, 2 Nelken, ¹/₈ l Rotwein, 2 säuerliche Äpfel

Das Rotkraut feinstreifig schneiden, waschen und abtropfen lassen. In einem
Topf das Schmalz erhitzen. Das Kraut mit Salz, Zucker, Essig und Nelken hineingeben, ¹/₄ l Wasser und den Rotwein angießen. Die Äpfel schälen, in Viertel
teilen, das Kernhaus entfernen, zum Kraut geben. Alles zum Kochen bringen und
45 Minuten köcheln lassen.

Sauerkraut

3 säuerliche Äpfel, 1 Zwiebel, 750 g Sauerkraut, 50 g Schweineschmalz,
¹/₂ Lorbeerblatt, ¹/₂ TL Kümmel, 4 Wacholderbeeren, ¹/₈ l Weißwein (Riesling),
3 Scheiben durchwachsener Speck (200 g)

Die Äpfel schälen, in Viertel, dann in Spalten schneiden und dabei das Kernhaus
entfernen. Die Zwiebel schälen und in dünne Scheiben schneiden. In einem
Topf das Schweineschmalz erhitzen, Äpfel und Zwiebel hineingeben und
andünsten, das Sauerkraut dazugeben. Lorbeerblatt, Kümmel und zerdrückte
Wacholderbeeren ebenfalls dazugeben. 1/8 l Wasser und den Wein angießen.
Die Speckscheiben auf das Kraut legen. Zugedeckt bei geringer Hitze 1 Stunde
köcheln lassen.

Schmorgurken

1 Zwiebel, 30 g Butterschmalz, 500 g Gehacktes (halb Rind, halb Schwein),
1 kg Schmorgurken, 1 Knoblauchzehe, Salz, frisch gemahlener schwarzer Pfeffer,
2 EL Brunnenkresse

Die Zwiebel schälen und in kleine Würfel schneiden. In einer Pfanne das Butterschmalz erhitzen, die Zwiebelwürfel hineingeben und andünsten. Das Gehackte
dazugeben und mitbraten. Die Gurken schälen, halbieren, von den Kernen
befreien, in Streifen schneiden und zusammen mit der geschälten, zerkleinerten
Knoblauchzehe auf das Gehackte geben. $1/4$ l Wasser angießen und zugedeckt
15 Minuten garen. Mit Salz und Pfeffer abschmecken, die Brunnenkresse zufügen.
Mit Brutabern (Rezept S. 65) oder Speckpuffern (Rezept S. 67) servieren.

Brunnenkresse ist etwas für verwöhnte Gaumen. Im Vogtland kennt man genau ihren
Standort (und verrät ihn selten!). Sie wächst an Quellen und klaren Bächen mit gleich-
bleibend temperiertem Wasser. Und die sind in verträumten Vogtlandwinkeln noch
anzutreffen. Die würzige, etwas nach Rettich schmeckende Brunnenkresse ist eine der
wenigen Wildpflanzen, die auch im Winter „liefert".

Oberlausitzer Schmorgemüse

2 Zwiebeln, 1 Knoblauchzehe, 1 kg Rote Bete, 50 g Schweineschmalz,
Salz, 1 EL Zucker, 1 EL Korianderpulver, 1 Lorbeerblatt, $1/4$ l Rotwein,
2 EL Weinessig, 1 EL Meerrettich, 1 EL Butter

Zwiebeln, Knoblauchzehe und Rote Bete schälen. Rote Bete raspeln, Zwiebeln
und Knoblauchzehe fein hacken. Das Schmalz erhitzen, Gemüse und Gewürze
zugeben. Rotwein und Essig angießen. Zugedeckt 30 Minuten schmoren lassen.
Meerrettich und Butter zufügen und süß-sauer abschmecken.

Dieses farbenfrohe Wintergemüse sieht man gern auf dem Teller, denn es verbirgt unter
seiner Schale Vitamin C, Kalium und Magnesium. Es ist ein Jungbrunnen, wird in der
Oberlausitz behauptet, und wer es mehr als einmal im Monat genießt, bekommt im Leben
keinen bösen Husten.

Schwarzwurzel-Auflauf

500 g Schwarzwurzeln, Essig, Salz, 250 g gekochter Schinken,
Kartoffelbrei von 1 kg Kartoffeln, 100 g Butter, 2 Eier, ¹/₈ l Schlagsahne,
Butter für die Form

Die Schwarzwurzeln abbürsten, schälen, waschen und in Essigwasser legen. In 3 cm lange Stücke schneiden. In Salzwasser zum Kochen bringen und 10 Minuten garen. Mit einem Schaumlöffel herausnehmen und abtropfen lassen. Den Schinken würfeln. Eine Auflaufform ausbuttern. Abwechselnd Kartoffelbrei, Schinkenwürfel und Schwarzwurzeln einschichten. Bei jeder Schicht Schwarzwurzeln Butterflöckchen aufsetzen. Eier, Sahne und etwas Salz verquirlen und darübergießen. Im vorgeheizten Backofen bei 200 Grad 20 Minuten backen.

Spargelkuchen

250 g Toastbrotscheiben, 100 g Butter, 500 g gekochter Spargel,
150 g gekochter Schinken, 4 Eier, ¹/₈ l Milch, ¹/₈ l Schlagsahne,
Salz, frisch gemahlener schwarzer Pfeffer, 1 Messerspitze geriebene Muskatnuß,
2 EL Reibekäse, Butter für die Kuchenform

Vom Toastbrot die Rinde entfernen. Eine Kuchenform ausbuttern und die Brotscheiben hineingeben. Die Butter zerlassen und darübergeben. Den Spargel sternförmig auf den Brotscheiben anordnen. Den Schinken in feine Streifen schneiden und darüber verteilen. Eier, Milch, Sahne, Salz, Pfeffer, Muskatnuß und Reibekäse verquirlen und über den Spargel gießen. Im vorgeheizten Backofen bei 200 Grad 15 Minuten überbacken. Sofort servieren.

KARTOFFELGERICHTE
UND KLÖSSE

Kartoffelgerichte und Klöße

Fast alle Gaumenfreuden der Sachsen beginnen mit „G": Gardoffeln, Gleeße, Gemiese, Gobbsalat, Grautrouladen, Gefliechel, Garnickelbraten, Gaffee, Guchen und Gagau.

Die Sachsen, genauer gesagt die Vogtländer, gelten als Vorreiter des deutschen Kartoffelanbaus. In der rauhen Gegend des Vogtlandes und Erzgebirges, wo es öfter als oft recht karg in der Küche zuging, entwickelten sich die Feinen vom Acker bald zum Hauptnahrungsmittel. Rasch verbreitete sich die Kunde von der nahrhaften Frucht. Sogar die Pfarrer halfen von der Kanzel aus mit – das brachte ihnen den Namen „Knollenprediger" ein. Es dauerte nicht lange, da entdeckte man, daß die Kartoffel ein treffliches und gesundes Probierobjekt mit 1001 Möglichkeiten war. Egal, ob gebacken, gebraten, gekocht, gegrillt oder gefüllt – immer verspricht und liefert sie Genuß. So manches Hauptgericht verwandelte sich im Laufe der Zeit in eine schmackhafte Beilage oder in ein Dessert wie Rauche Mad, Klitscher oder Speckpuffer. Daß die Kartoffel kein Dickmacher ist, wissen Ernährungbewußte längst. Man schätzt das biologisch hochwertige Eiweiß, die Mineralstoffe und Vitamine, besonders das Vitamin C. Und weil sich die Knolle gern mit vielerlei anderen Zutaten umgibt oder schmückt, gilt sie als ein besonders verdrächliches Gemiese.

Annaberger Kläss
(Birnenkloß)

Für den Teig: 300 g Mehl, 20 g Hefe, 1 TL Zucker, ¹/₈ l Milch,
1 Prise Salz, 100 g Butterschmalz, 1 Ei, Butter für die Auflaufform
Für den Belag: 500 g Birnen, 3 Äpfel, Saft von 1 Zitrone,
250 g durchwachsener Speck

Für den Teig das Mehl in eine Schüssel sieben und in die Mitte eine Vertiefung drücken. Die Hefe mit dem Zucker in etwas lauwarmer Milch verquirlen und in die Vertiefung gießen. Etwas Mehl darüberstäuben. Zugedeckt 30 Minuten gehen lassen. Von der Mitte her einen Teig kneten, dabei die restliche Milch, Salz, 50 g Butterschmalz und das Ei einarbeiten. Zugedeckt nochmals 30 Minuten gehen lassen.

Für den Belag das Obst schälen, in Viertel, dann in Spalten schneiden und dabei das Kernhaus entfernen. In wenig Wasser, zusammen mit dem Zitronensaft, erhitzen und 5 Minuten dünsten. Den Speck in dünne Scheiben schneiden. Den Teig zusammenstoßen und nochmals kräftig durchkneten.

Eine Auflaufform ausbuttern und mit einem Drittel des Teiges auslegen. Darauf die Speckscheiben und die Hälfte der Früchte geben. Ein weiteres Teigdrittel aufsetzen. Das restliche Obst auffüllen und das letzte Teigdrittel darauf geben. Das restliche Butterschmalz erhitzen und den Kloß damit bepinseln. Nochmals zugedeckt 10 Minuten gehen lassen. Im vorgeheizten Backofen bei 200 Grad 40 Minuten backen.

Der Birnenkloß galt lange Zeit als Hauptgericht. Auch heute behauptet sich diese Gaumenfreude noch auf dem Mittagstisch – aber eher in Begleitung von Fleisch und Wild.

Erzgebirgische Klitscher (Kartoffelpuffer)

1 kg rohe Kartoffeln, 500 g gekochte, geriebene Kartoffeln,
Salz, ¼ l Buttermilch, Leinöl zum Ausbacken

Die rohen Kartoffeln schälen und fein reiben. Die Kartoffelmasse etwas ausdrücken. Die gekochten, geriebenen Kartoffeln, Salz und Buttermilch zugeben und einen geschmeidigen Teig bereiten. In einer Pfanne das Öl erhitzen. Mehrere Löffel von dem Kartoffelteig einfüllen, breitdrücken und auf beiden Seiten knusprig braten.

Klitscher schmecken zum Braten oder in Begleitung von Heidelbeeren oder Apfelmus. Dieses Backwerk ist auch bekannt unter den Namen Latschen, Frätzle, Buttermilchgetzen oder geback'ne Kläss.

Griegeniffte
(Grüne Klöße)

4 Brötchen, 100 g Butter, Salz, 500 g in der Schale gekochte Kartoffeln,
2 kg rohe mehligkochende Kartoffeln, $^1/_8$ l Milch

Die Brötchen in kleine Würfel schneiden. In einer Pfanne die Butter erhitzen, die Brötchenwürfel hineingeben und goldgelb rösten. Die gekochten Kartoffeln pellen und durch die Kartoffelpresse drücken. Die rohen Kartoffeln schälen und reiben. Anschließend durch ein Tuch pressen. Das aufgefangene Wasser beiseite stellen. Die Milch zum Kochen bringen und über die rohe Kartoffelmasse gießen. Beide Kartoffelmassen miteinander vermischen und salzen. Von dem beiseite gestellten Kartoffelwasser etwas abgesetzte Stärke zufügen. Darauf achten, daß die Kartoffelmasse geschmeidig bleibt. In einem großen Topf Wasser mit etwas Salz zum Kochen bringen. Aus dem Teig Klöße formen, dabei in die Mitte einige geröstete Brötchenwürfel geben. Die Klöße in kochendes Salzwasser einlegen. Die Klöße müssen Platz haben, sie dürfen sich nicht berühren. Kurz aufkochen, dann 20 Minuten ziehen lassen.

Ob die Thüringer oder die Vogtländer die grünen Klöße erfunden haben, ist bis heute umstritten. Im Vogtland heißen sie Griegeniffte (Grüngeriebene). „Niffen" heißt reiben. Gegessen werden sie da wie dort mit Leidenschaft zu Braten mit viel guter Sauce. Denn Klöße rutschen nun mal besser, wenn sie in der Sauce schwimmen. Im Bunde der Dritte ist immer das Rotkraut. Auch die gedünstete, mit Preiselbeeren gefüllte Birne darf nicht fehlen.

Kartoffelsalat

1 kg Kartoffeln, 8 EL Weinessig, 6 EL Sonnenblumenöl, 150 g Mayonnaise,
Salz, frisch gemahlener schwarzer Pfeffer, 1 Prise Zucker, 1 EL mittelscharfer Senf,
1 EL geriebene Zwiebel, 1 Gewürzgurke, 1 säuerlicher, rotbackiger Apfel,
2 EL Schnittlauchröllchen, 2 hartgekochte Eier

Die Kartoffeln in der Schale kochen, pellen und in Scheiben schneiden. Aus
Essig, Öl, Mayonnaise, Salz, Pfeffer, Zucker, Senf und Zwiebel eine Marinade
bereiten. Die Gewürzgurke in kleine Würfel schneiden. Den Apfel waschen und
ungeschält in kleine Würfel schneiden, dabei das Kernhaus entfernen. Gurken-
und Apfelwürfel in der Marinade verrühren.
Die Kartoffelscheiben in eine Schüssel geben und mit der Marinade vermischen.
Die Eier schälen und in Viertel schneiden. Mit den Eiervierteln und den Schnittlauchröllchen den Salat garnieren.

> *Sodann, wenn Tränen auch ein Übel,*
> *zerstückelt sie und mengt die Zwiebel*
> *mit Öl und Salz zu einer Brühe,*
> *daß der Salat sie an sich ziehe.*
> *Um diesen ferner herzustellen,*
> *hat sie Kartoffeln abzupellen.*
> *Da heißt es fix die Finger brauchen,*
> *den Mund zu spitzen und zu hauchen,*
> *denn heiß geschnitten nur allein*
> *kann der Salat geschmeidig sein.*
>
> *Wilhelm Busch*

Kartoffeltorte

Für den Teig: 300 g mehligkochende Kartoffeln, 125 g Mehl, 100 g Butter,
1 Ei, Salz, frisch gemahlener schwarzer Pfeffer, 1 TL Majoran,
Butterschmalz für die Tortenform
Für den Belag: 500 g festkochende Kartoffeln, Salz, 6 Schalotten,
2 Knoblauchzehen, 200 g gekochter Schinken, 3 Eier, 200 ml Schlagsahne,
frisch gemahlener schwarzer Pfeffer, 1 Messerspitze abgeriebene Muskatnuß,
125 g Reibekäse

Für den Teig die Kartoffeln in der Schale kochen, pellen, durch die Kartoffelpresse drücken und mit Mehl, Butter, Ei und Gewürzen vermengen. Zugedeckt
1 Stunde kalt stellen.
Für den Belag die Kartoffeln schälen, in dünne Scheiben schneiden und in
kochendem Salzwasser 3 Minuten garen. Abgießen. Die Schalotten und die
Knoblauchzehen schälen und klein hacken, den Schinken in kleine Würfel
schneiden. Eier und Schlagsahne mit etwas Salz, Pfeffer und Muskat verquirlen.
Den Teig durchkneten und ausrollen. Eine Tortenform mit dem Butterschmalz
ausfetten, den Teig hineingeben und einen 3 cm hohen Rand formen. Den
Boden mehrmals mit einer Gabel einstechen. Kartoffelscheiben, Zwiebeln,
Knoblauch, Schinken und Reibekäse daraufgeben und mit der Eisahne begießen.
Im vorgeheizten Backofen bei 180 Grad etwa 45 Minuten backen.

Oberlausitzer Abernmauke
(Kartoffelbrei)

1 kg Kartoffeln, Salz, 500 g Äpfel oder Birnen, 1 EL Zucker, 1 EL Weinessig,
2 Nelken, ¹/₄ l Milch, 4 EL Schlagsahne, 1 TL Butter, 1 Eigelb,
200 g durchwachsener Speck, 1 Zwiebel, 1 EL Leinöl

Die Kartoffeln schälen, waschen, grob zerkleinern und in Salzwasser garen. Das
Obst schälen, in Viertel schneiden, das Kernhaus entfernen und in wenig Wasser
mit Zucker, Essig, Nelken weich kochen. Kartoffeln und Obst abgießen. Die
Kartoffeln stampfen. Milch, Sahne, Butter und Eigelb einrühren. Das Obst durch
ein Sieb streichen und mit der Kartoffelmasse vermischen. Den Speck in kleine

Würfel schneiden. Die Zwiebel pellen und fein schneiden. In einer Pfanne das Öl erhitzen, den Speck und die Zwiebel darin knusprig braten. Über der Abernmauke verteilen. Dazu schmecken Bratwürste und Sauerkraut.

Tip: Für Abernmauke gibt es etliche Varianten: Kartoffeln ohne Obst mit Milch, Salz und etwas Butter verrühren, oder anstelle der Milch Fleischbrühe verwenden.

Oberlausitzer Brutabern
(Bratkartoffeln)

1 kg Kartoffeln, 2 Zwiebeln, 50 g Schweinefett, 50 g Butter, 2 Eier,
Salz, Gewürzgurken

Die Kartoffeln in der Schale kochen, pellen und in Scheiben schneiden. Die Zwiebeln schälen und ebenfalls in Scheiben schneiden. In einer Pfanne das Fett erhitzen, die Kartoffelscheiben einfüllen und auf beiden Seiten knusprig braten. In einer kleinen Pfanne die Hälfte der Butter erhitzen, die Zwiebelscheiben darin goldbraun braten und mit der Butter zu den Kartoffeln geben. Die restliche Butter zerlassen, Eier hineingeben, stocken lassen und unter die Brutabern mischen. Salzen. Auf vorgewärmte Teller füllen und einige Gewürzgurken anlegen.
Brutabern ißt man solo, zu Würstchen oder Braten – aber besonders gern zu Sülze, die in der Oberlausitz Goalerte heißt.

Oberlausitzer Meerrettichklöße

1 kg gekochte Kartoffeln, 4 EL geriebener Meerrettich, 2 Eier, Salz,
4 EL Mehl, 1 EL Kartoffelmehl, 1 Brötchen, 50 g Butter

Die Kartoffeln pellen und durch die Kartoffelpresse drücken. Eier, Meerrettich, Salz, 2 EL Mehl, Kartoffelmehl und 2 EL Wasser zur Kartoffelmasse geben und einen geschmeidigen Kloßteig bereiten. Das Brötchen in kleine Würfel schneiden. In einer Pfanne die Butter zerlassen und die Würfel darin knusprig braten. Aus dem Kartoffelteig Klöße formen und in die Mitte die Brötchenwürfel geben. Die Klöße im restlichen Mehl wälzen und in kochendes Salzwasser legen. 20 Minuten darin ziehen lassen.

Rauche Mad
(Kartoffelpfanne)

1 kg Kartoffeln, Salz, 150 g durchwachsener Speck, 200 g gekochter Schinken,
80 g Butterschmalz, 80 g Butter, 1 Bund Petersilie, 2 Tomaten

Die Kartoffeln in der Schale kochen, pellen und durch die Kartoffelpresse drücken. Salzen. Speck und Schinken in kleine Würfel schneiden. Für die erste Portion 20 g Butterschmalz in einer Pfanne erhitzen, ein Viertel der Speck- und Schinkenwürfel darin knusprig braten, ein Viertel der Kartoffelmasse fingerdick auffüllen und etwa 6 Minuten backen. Mit der knusprigen Seite nach oben auf einen vorgewärmten Teller geben. Warm stellen. Die restlichen drei Portionen auf die gleiche Weise backen und anrichten. Auf jedem Teller Petersilien- sträußchen und Tomatenachtel anlegen.

Das ehemalige Hauptgericht hat sich in eine gern gesehene Ergänzung zu Sauerkraut, Schmorbraten und Geflügel verwandelt.

Rauner Speckpuffer

*250 g durchwachsener Speck, 1 kg Kartoffeln, 2 EL gehackte Zwiebeln,
Salz, 2 Eier, 2 EL Mehl, Butterschmalz zum Ausbacken*

Den Speck in kleine Würfel schneiden und in einer Pfanne kroß ausbraten.
Die Kartoffeln schälen, reiben und etwas ausdrücken. Speckwürfel, gehackte
Zwiebeln, Salz, Eier und Mehl mit der Kartoffelmasse vermengen. Das Butterschmalz in einer Pfanne erhitzen, handtellergroße Puffer hineingeben und auf
beiden Seiten goldbraun backen. Diese Puffer ißt man zu Gulasch, Braten oder,
mit Zucker bestreut, zu Heidelbeer- oder Apfelkompott.

Sächsische Wickelklöße

*1 kg mehligkochende Kartoffeln, 300 g Mehl, 2 Eier, 1 TL Backpulver,
Salz, 4 EL Milch, 1 kg durchwachsener Speck, 4 EL Semmelbrösel,
1 1/2 l Fleischbrühe, Schnittlauch*

Die Kartoffeln in der Schale kochen, pellen und durch die Kartoffelpresse geben.
Mehl, Eier, Backpulver, Salz und Milch zugeben und einen geschmeidigen Teig
bereiten. Den Teig zu einem 1 cm dicken Quadrat ausrollen. Den Speck in
kleine Würfel schneiden und kroß braten. Abkühlen lassen. Die Speckwürfel
ohne Fett auf dem Teig verteilen und die Semmelbrösel darüber streuen. Den
Teig von der Längsseite her aufrollen und in 4 cm dicke Scheiben schneiden.
Klöße formen. Die Fleischbrühe erhitzen, aber nicht kochen lassen. Die Wickelklöße hineingeben und 20 Minuten ziehen lassen. Mit einem Schaumlöffel herausnehmen, abtropfen lassen. In einer Schüssel anrichten, das Speckfett erhitzen
und darübergeben. Mit Schnittlauchröllchen garnieren.

Vogtländische Bambes
(Pfannenklöße)

400 g gekochte Kartoffeln, 800 g rohe Kartoffeln, Salz, ¹/₄ l Buttermilch,
Butterschmalz zum Ausbacken

Die gekochten Kartoffeln pellen und fein reiben. Die rohen Kartoffeln schälen
und ebenfalls fein reiben, etwas ausdrücken und mit der gekochten Kartoffelmasse vermengen. Salz und Buttermilch zugeben und einen dicklichen Brei herstellen. In einer Pfanne das Butterschmalz erhitzen, einige Löffel Kartoffelteig
hineingeben, flach drücken und auf beiden Seiten goldgelb backen.

Diese vogtländischen Pfannenklöße liebt man, süß zurecht gemacht, mit Zimtzucker
und Kompott oder als Beilage zum Braten. Am besten schmecken sie, wenn sie frisch
aus der Pfanne sofort in den Mund wandern.

Vogtländische Jägerklöße

200 g Waldpilze, 1 Zwiebel, 1,5 kg Kartoffeln, 250 g Stärkemehl,
Salz, frisch gemahlener schwarzer Pfeffer, ¹/₄ l Milch, 3 EL gehackte Petersilie

Die Pilze putzen, waschen und fein schneiden. Die Zwiebel schälen und reiben.
Die Kartoffeln in der Schale kochen, pellen und noch heiß durch die Kartoffelpresse drücken. Zur Kartoffelmasse das Stärkemehl, Salz und Pfeffer geben. Gut
vermischen. Nach und nach die kochendheiße Milch einrühren. Pilze, Zwiebel
und Petersilie zufügen. Klöße formen. Das Salzwasser zum Kochen bringen und
die Klöße 20 Minuten darin ziehen lassen. Mit einem Schaumlöffel herausnehmen, abtropfen lassen und in einer Schüssel anrichten.

Pilze werden im Vogtland und Erzgebirge schon seit eh und je reichlich in die Küchen
geholt. Schon die Altvorderen schätzten ihre Würzkraft. Wie es heute noch Brauch ist,
wurden sie frisch verwendet, solange die Wälder „lieferten". Damit man auch im Winter
auf das gute Aroma nicht verzichten mußte, legte man sich (und tut es noch immer) einen
getrockneten Pilz-Vorrat an.

Vogtländische Schwammekläss
(Pilzklöße)

250 g Waldpilze, 500 g Kartoffeln, Salz, Butterschmalz

Die Pilze putzen, waschen und kleinschneiden. Die Kartoffeln waschen, schälen, fein reiben, etwas ausdrücken und mit den Pilzen vermischen. Salzen. In einer Pfanne Butterschmalz erhitzen, die Kartoffelmasse löffelweise hineingeben, breit streichen und auf beiden Seiten knusprig braten.

Watteklöße

1 kg Kartoffeln, 2 Eier, 4 EL Stärkemehl, Salz,
1 Messerspitze geriebene Muskatnuß, 1 Brötchen, 20 g Butter

Die Kartoffeln in der Schale kochen, pellen und durch die Kartoffelpresse drücken. Die Kartoffelmasse mit Eiern, Stärkemehl, Salz und Muskat vermischen. Das Brötchen in kleine Würfel schneiden. Die Butter in einer Pfanne erhitzen und die Brötchenwürfel darin goldgelb rösten. Aus dem Kartoffelteig Klöße formen. In die Mitte Brötchenwürfel geben. In einem Kloßtopf Salzwasser erhitzen und die Klöße darin 20 Minuten ziehen lassen.

DESSERTS

Desserts

Aus Kartoffeln, die sich auf wunderbare Weise mit vielen feinen Zutaten vereinen können, entstand eine besonders zarte, delikate und berühmte Leckerei – das Quarkkeulchen. Selten liegt es allein auf dem Teller, denn es schmückt sich gern mit Apfelmus, Schlagsahne oder kandierten Kirschen. Auch die Tasse Kaffee steht ihm gut. Kartoffeln spielen auch bei den vogtländischen Eierkuchen eine wichtige und recht schmackhafte Küchenrolle.

Ansonsten sind die Desserts so bunt und vielfältig wie im Märchenreich, und bei so manchem Objekt der Begierde wünscht man sich, daß der letzte Happen noch in weiter Ferne wäre. Welch reizvoller Kontrast, wenn sich eine Vielfalt reifer, aromatischer Sommerbeeren und Vanillesauce zu roter Grütze vereint. Und welch dekorative und duftende Schlemmereien lassen sich aus Blütenblättern bereiten. Wer denkt bei solcherlei Köstlichkeiten, bei denen Kreativität gefragt ist wie kaum anderswo, ans Kalorienzählen? Einmal ist keinmal (eine Sünde ist schon mal erlaubt!) – ooch wemmer uff zwee Zäntner gomm' (auch wenn wir auf zwei Zentner kommen).

Adorfer Eierkuchen

200 g mehligkochende Kartoffeln, 4 Eier, ¼ l Milch, 1 Prise Salz, 2 EL Zucker, 1 Päckchen Vanillinzucker, 200 g Mehl, 500 g Pflaumen, Butterschmalz zum Ausbacken, Zimtzucker

Die Kartoffeln in der Schale kochen, pellen und durch die Kartoffelpresse drücken. Eier, Milch, Salz, Zucker und Vanillinzucker in die Kartoffelmasse einarbeiten. Das Mehl sieben und nach und nach dazugeben. 15 Minuten quellen lassen. Die Pflaumen waschen, entsteinen, in Viertel schneiden und zur Teigmasse geben. In einer Pfanne Butterschmalz erhitzen und die Eierkuchen auf beiden Seiten goldgelb backen. Mit Zimtzucker bestreut servieren.

Tip: Anstelle der Pflaumen können auch Äpfel, Birnen, Heidelbeeren oder Brombeeren verwendet werden.

Annaberger Plinsen

10 g Hefe, 150 g Mehl, $^1/_4$ l Milch, 2 Eier, 2 EL gewaschene Rosinen,
1 Prise Salz, 1 TL Zucker, Leinöl oder Butterschmalz zum Ausbacken

Die Hefe zerbröckeln und mit den übrigen Zutaten zu einem dickflüssigen Teig verarbeiten. 30 Minuten zugedeckt quellen lassen. Umrühren. In einer Pfanne das Öl erhitzen. Mit einer Kelle portionsweise Teig hineingeben und die Plinsen auf beiden Seiten goldgelb backen.

Kaffeezeit ist im Erzgebirge auch Plinsenzeit. Dieses goldgelbe, knusprige Backwerk ist ebenso beliebt wie Aardäppelkuchen (Kartoffelkuchen). Freilich hat es nicht immer zu Rosinen gereicht. Meist wurde einfacher Hefeteig – oft auch ohne Eier – in einer mit Speck ausgeriebenen Pfanne gebraten. Aber Kompott oder Marmelade aus Waldbeeren stand immer daneben. Es wurde stets darauf geachtet und keine Mühe gescheut, daß beides reichlich in die Vorratskammer kam. Manch einer verdiente sich mit dem Sammeln von Waldbeeren auch noch ein paar Groschen dazu. Die Lust am Sammeln und am Zusatzverdienst ist bis heute geblieben.
Und auf die Annaberger Kät, das erzgebirgische Jahrmarktstfest „verzn Tog noch Pfingstn", gehören die Plinsen ebenso wie die Geisterbahn, die Budenverkäufer, die Schausteller, Zuckerwatte, Luftballons und die (beinahe) zersägte Jungfrau.

Birnen in Karamelsauce

4 große Birnen, 100 g Butter, 100 g Zucker, $^1/_8$ l Schlagsahne,
1 Päckchen Vanillinzucker, 3 EL geröstete Mandelsplitter

Die Birnen schälen, halbieren und vom Kernhaus befreien. 50 g Butter in einer Auflaufform zerlassen, die Birnen nebeneinander hineinlegen und im vorgeheizten Backofen bei 200 Grad 20 Minuten dünsten. Die restliche Butter erhitzen, den Zucker hineingeben und bräunen lassen. Die Karamelsauce über die Birnen geben und noch 5 Minuten dünsten. Herausnehmen und warm stellen. Die Sahne mit dem Vanillinzucker zu Schnee schlagen. Die Birnen auf Desserttellern anrichten, Mandelsplitter darüberstreuen und einen Sahneklecks danebensetzen.

Erdbeerdessert

750 g Erdbeeren, 125 g Zucker, 1 TL abgeriebene, unbehandelte Zitronenschale,
$^1/_8$ l Weißwein, 1 EL Stärkemehl, $^1/_4$ l Schlagsahne,
100 g geröstete Mandelsplitter

Die Erdbeeren waschen, putzen und halbieren. In einen Topf geben. Zucker und Zitronenschale untermischen und den Wein angießen. Zum Kochen bringen. Das Stärkemehl in wenig kaltem Wasser anrühren, zugeben und unter Rühren aufkochen lassen. In Dessertschälchen füllen und erkalten lassen. Die Sahne steif schlagen und jeweils einen dicken Klecks auf das Erdbeerdessert geben. Mit Mandelsplittern garnieren.

Gefüllte Äpfel

4 Äpfel, 4 EL Zitronensaft, 4 EL Mandelstifte, 8 EL geriebene Haselnüsse,
2 EL Zucker, 30 g Butter, $^1/_4$ l Weißwein (Morio-Muskat), 4 kandierte Kirschen

Die Äpfel schälen, das Kernhaus ausstechen und die Äpfel oben etwas aushöhlen. Zitronensaft darüberträufeln und die Äpfel mit Mandelstiften spicken. Die Haselnüsse mit dem Zucker vermischen und die Äpfel damit füllen. In einer Auflaufform die Butter schmelzen lassen, die Äpfel hineinsetzen und den Wein angießen. Im vorgeheizten Backofen bei 180 Grad 20 Minuten dünsten. Herausnehmen, mit kandierten Kirschen garnieren und sofort servieren.

Gefüllte Schokoladenpflaumen

24 entsteinte, getrocknete Pflaumen, 4 EL Kirschwasser, 4 EL geriebene Mandeln,
4 EL Zucker, 1 TL abgeriebene, unbehandelte Zitronenschale, 2 EL Rum,
1 Eiweiß, 150 g weiße Kuvertüre

In die Schnittstelle der Pflaumen etwas Kirschwasser geben. Mandeln, 2 EL Zucker, Zitronenschale und Rum verrühren. Mit dieser Masse die Pflaumen füllen. Das Eiweiß etwas schlagen, die Pflaumen darin eintauchen und anschließend im restlichen Zucker wälzen. Auf einem Küchenrost trocknen lassen. Kuvertüre im heißen Wasserbad schmelzen lassen. Die Pflaumen mit Hilfe von zwei Gabeln in die Kuvertüre tauchen und anschließend auf Alufolie setzen.

Leipziger Ringtaler

8 große Äpfel, 4 EL Zitronensaft, 100 g Zucker, 2 Eier,
50 g weiche Butter, 1 Prise Salz, ¼ l Milch, 200 g Mehl,
Öl zum Ausbacken, Zimtzucker, Vanilleeis, Schlagsahne,
Schokoladenraspel, kandierte Kirschen

Das Kernhaus ausstechen, die Äpfel schälen und in 1 cm dicke Ringe schneiden. Zitronensaft darüberträufeln und die Hälfte des Zuckers aufstreuen. Die Eier trennen. Eigelb mit Butter, Salz und Milch verquirlen. Nach und nach das Mehl und den restlichen Zucker einrühren. 15 Minuten quellen lassen. Das Eiweiß zu steifem Schnee schlagen und unterheben. Die Apfelringe durch den Teig ziehen und in erhitztem Öl auf beiden Seiten goldbraun ausbacken. Sofort mit Zimtzucker bestreut auf Tellern anrichten. Vanilleeis, Schlagsahne, verziert mit Schokoladenraspeln und kandierter Kirsche, daneben anordnen.

Quarkkeulchen

*2 EL Rosinen, 2 EL Weinbrand, 500 g mehligkochende Kartoffeln, 1 EL Mehl,
200 g Quark, 1 Prise Salz, 1 TL abgeriebene, unbehandelte Zitronenschale,
3 Eier, 2 EL gehackte Mandeln, Butterschmalz zum Ausbacken,
Zimtzucker, Apfelmus, Schlagsahne, kandierte Kirschen*

Die Rosinen waschen und mit Weinbrand beträufeln. Die Kartoffeln in der
Schale kochen, pellen und durch die Kartoffelpresse drücken. Mehl, Quark,
Salz, Zitronenschale und Eier mit der Kartoffelmasse vermengen. Rosinen und
Mandeln einarbeiten. Mit bemehlten Händen kleine Keulchen formen. In einer
Pfanne Butterschmalz erhitzen und die Keulchen darin auf beiden Seiten gold-
braun backen. Mit Zimtzucker bestreut auf Tellern anrichten. Apfelmus, einen
Sahneklecks und kandierte Kirschen daneben anordnen.

Tip: Quarkkeulchen verdienen nur erstklassige Zutaten! Also niemals Kartoffel-
reste vom Vortag verwenden. Wenn man einen wahren Zungenspitzenreiter auf
die Teller bringen will, muß man die Kartoffeln noch handwarm mit dem Quark
vermengen, nur so erreicht man die erforderliche Konsistenz.

Rosen in Gelee

*3/8 l Wasser, 375 g Zucker, 20 frische, duftende Rosenblütenblätter,
6 EL Malvenblütentee, 6 EL Rosenwasser, 6 EL Kirschwasser,
Saft von 1 Zitrone, 45 g Gelatine, Schlagsahne, kandierte Rosenblütenblätter*

Aus Wasser und Zucker einen Sirup kochen. Die Rosenblütenblätter waschen,
vom bitteren Stielansatz befreien und in eine Porzellanschüssel legen. Den heißen
Zuckersirup darübergießen. Malvenblütentee als Färbemittel zufügen. Zuge-
deckt kalt stellen. Alles durch ein feines Sieb gießen. Rosenwasser, Kirschwasser,
Zitronensaft und die aufgelöste Gelatine einrühren. Das Gelee in eine Form oder
Schale füllen und kalt stellen. Stürzen. Mit Schlagsahnetupfen und kandierten
Rosenblütenblättern garnieren.

Rosenpudding

20 g stark duftende Rosenblütenblätter, 200 g Zwieback, 8 Eier, 200 g Puderzucker,
¹/₄ l Schlagsahne, 1 Messerspitze Zimt, 1 Prise Salz
Für die Vanillesauce: 1 EL Stärkemehl, ¹/₂ l Milch, 1 Päckchen Vanillinzucker,
2 EL Zucker, 1 Prise Salz, 1 Eigelb

Die Rosenblütenblätter waschen, abtropfen lassen, vom bitteren Stielansatz befreien und fein hacken. Zusammen mit dem zerstoßenen Zwieback in eine Schüssel geben und zudecken. Die Eier trennen. Das Eigelb mit dem Puderzucker schaumig schlagen, Schlagsahne, Zimt, Salz und Zwiebackmasse einrühren. Eiweiß zu steifem Schnee schlagen und vorsichtig unterheben. In eine Form füllen und im Wasserbad bei 80 Grad etwa 90 Minuten garen.
Für die Vanillesauce das Stärkemehl in etwas kalter Milch verrühren. Vanillinzucker, Zucker und Salz in der restlichen Milch zum Kochen bringen. Das Mehl einrühren, aufkochen lassen, vom Herd nehmen und etwas auskühlen lassen, dann das Eigelb einrühren. Mit dem Rosenpuddding servieren.

Unsere Groß- und Urgroßmütter verstanden es prächtig, den Speisen Poesie, Anmut und Parfüm zu geben. So einfach wie wir heutzutage hatten sie es nicht in der Küche. Sie kannten keine Gelatine, und von unseren modernen Küchengeräten hatten sie nicht einmal eine Vorahnung. Ihre Maße hießen nicht Gramm, Kilogramm und Liter, sondern Quart, Quäntchen, Loth, Seitel und Maß. Dennoch verstanden sie es vorzüglich, Dekoratives in Genießbares zu verwandeln.

Schokoladenpfirsich

4 Pfirsiche, 80 g Kokosfett, 3 EL Kakao, 3 EL Zucker,
¹/₂ TL gemahlener Bohnenkaffee, 1 Ei, 2 EL geröstete Mandelstifte

Von den Pfirsichen die Haut abziehen. Die Früchte halbieren, entsteinen und mit der Schnittfläche nach unten auf eine Platte legen. Das Kokosfett erhitzen. Kakao, Zucker und Kaffee vermischen. Das Ei unterrühren. Nach und nach das abgekühlte Kokosfett einrühren. Die Masse über die Pfirsiche gießen und erstarren lassen. Mit Mandelstiften bestecken.

Rote Grütze

100 g Johannisbeeren, 100 g Sauerkirschen, 100 g Himbeeren,
100 g Zucker, 2 EL Zitronensaft, 50 g Stärkemehl, $^1/_8$ l Schlagsahne

Mit einer Gabel die gewaschenen Johannisbeeren von den Stielen abstreifen. Die Kirschen waschen und die Steine entfernen. Himbeeren kurz waschen und mit $^1/_8$ l Wasser verrühren. Durch ein Sieb streichen. Zucker, Zitronensaft und Stärkemehl unter das Himbeerpüree rühren, erhitzen und kurz aufkochen lassen. Johannisbeeren und Kirschen zufügen, nochmals aufwallen lassen. Vom Herd nehmen und etwas auskühlen lassen. In Portionsschälchen verteilen, kalt stellen. Vor dem Servieren die Schlagsahne steif schlagen und jeweils einen Sahneklecks auf die rote Grütze setzen.

Tip: Anstelle von Schlagsahne kann auch Vanillesauce dazu gereicht werden. Dafür verrührt man 125 g Puderzucker und 3 Eigelb zu einer schaumig-dicken Masse, bringt $^1/_8$ l Schlagsahne mit dem Mark einer Vanilleschote zum Kochen und rührt sie, wenn sie etwas ausgekühlt ist, in die Eiermasse. Im Wasserbad bei 80 Grad schlägt man die Masse, bis sie dickschaumig ist.

Sächsischer Sonntagspudding

$^1/_2$ l Milch, 50 g Butter, 100 g Zucker, 1 Prise Salz, 200 g Mehl, 4 Eier,
2 EL Zitronensaft, 30 g Butter, 2 EL Grieß

In einer Kasserolle die Milch mit Butter, Zucker und Salz unter Rühren aufkochen lassen. Das Mehl sieben und nach und nach einrühren. So lange weiterrühren, bis sich der Teig vom Boden löst. Den Teigklumpen in eine Rührschüssel legen und etwas auskühlen lassen. Die Eier trennen und die Eigelb in den Teig einarbeiten. Zitronensaft untermengen. Den Teig weiterrühren, bis er schwer vom Kochlöffel reißt und lange Spitzen bildet. Eiweiß zu steifem Schnee schlagen und vorsichtig unterheben. Eine Puddingform ausbuttern und mit Grieß ausstreuen. Die Masse hineingeben, die Form verschließen. In die Bratenpfanne vom Backofen 2 cm Wasser einfüllen, die Form hineinsetzen. Den Pudding 45 Minuten bei 180 Grad garen. Den Deckel entfernen und noch

5 Minuten weiter backen. Herausnehmen, auskühlen lassen und dann stürzen. Mit einer Frucht- oder Schokoladensauce zu Tisch bringen.

Für eine Aprikosensauce braucht man 250 g Aprikosenmarmelade und 1-2 Gläschen Weinbrand. Die Marmelade wird mit 1 Tasse heißem Wasser verrührt, durch ein Sieb gestrichen und mit Weinbrand verfeinert. Für eine Schokoladensauce verrührt man in einer Kasserolle 1 Tasse Zucker mit einer $^3/_4$ Tasse Wasser und läßt alles 2 Minuten sprudelnd kochen. Den Topf vom Herd nehmen. Mit dem Schneebesen rührt man 1 Tasse Kakao so lange ein, bis die Sauce glatt ist.

Veilchen-Creme

4 Sträußchen frisch gepflückte Veilchenblüten, 250 g Zucker, 1 l Schlagsahne,
1 Päckchen Gelatine, Mandelaroma
Für die gezuckerten Veilchen: 50 Veilchenblüten, 150 g Zucker

Die gut gewaschenen Veilchenblüten entblättern. Die Blättchen in eine Porzellanschüssel legen. Den Zucker mit etwas Wasser zu einem dicklichen, siedend heißen Sirup kochen, die Blättchen damit übergießen. Die Masse zudecken und auskühlen lassen. Schlagsahne steif schlagen und beiseite stellen. Gelatine nach Vorschrift anrühren und zur Veilchenmasse geben. Alles durch ein Leinentuch pressen. Die Creme rühren, bis sie zu stocken beginnt. Die Schlagsahne unter die Creme heben. Eine Form oder Schüssel mit Mandelaroma auspinseln, die Creme einfüllen und zwei Stunden in den Kühlschrank stellen. Kurz vor dem Servieren stürzen und mit gezuckerten Veilchen garnieren. Dafür die Veilchenblüten in kochendem Wasser kurz überbrühen und abtropfen lassen. Den Zucker mit etwas Wasser aufkochen, bis er Blasen wirft. Die Veilchenblüten sofort hineingeben und noch einen Augenblick kochen. Die Mischung auskühlen lassen. Sobald der Zucker trocken geworden ist, jede Blüte einzeln (mit zarter Hand!) aus der Zuckerverkrustung nehmen, auf Pergamentpapaier legen und in der weißen Rüstung erstarren lassen.

BACKWERK

Backwerk

Sachsen wird die Backstube der Nation genannt, weil dort die Ideen für süße Schöpfungen nicht auszugehen scheinen. Man erkennt die Kreationen daran, daß sie über die Maßen süß, schön anzusehen und äußerst aromatisch sind. Sie haben häufig Streusel oder einen dicken Zuckerguß, zeigen sich buttrig und voll erlesener Zutaten. Und weil man es am liebsten mag, wenn sie feucht über die Lippen kommen, werden sie mit viel Obst belegt. Oder sie werden gedidscht und verschwinden vor dem Genuß im Gaffeedäbbchen, wenn sie sich trocken zeigen, wie beispielsweise der Streuselkuchen.

Eine besonders hauchdünne, luftballongroße Leckerei kann man in Meißen kennenlernen. Das Rezept ist streng geheim. Gemeint ist die Meißner Fummel, ein Backwerk, das seit des starken Augusts Zeiten hergestellt wird. Und das kam so: Als der Alchimist Johann Friedrich Böttger das Porzellan erfunden hatte, ließ August der Starke zwischen Dresden und Meißen eine Kurierstrecke einrichten, auf der das Porzellan von der Manufaktur ins Dresdner Schloß gebracht wurde. Nur hatte man dabei außer acht gelassen, daß an den Steilhängen entlang der Elbe Wein angebaut wurde und die Kuriere mit dem Rebensaft allzu reichlich ihren Durst löschten. Es kam vor, daß die Trinkfreudigen vom Pferde fielen und im Straßengraben ihren Rausch ausschliefen. August der Starke befahl, ein zerbrechliches Backwerk herzustellen, das die Kuriere fortan bei sich tragen und bei Ankunft vorzeigen mußten. Unbeschadet, versteht sich.

Wie pfiffig und einfallsreich die Sachsen sind, zeigt auch die Geschichte vom verwandelten Freiberger Hasen, den man im erzgebirgischen Freiberg kaufen, aus Rührteig aber auch selbst backen und in Form bringen kann. Es geschah vor gut siebenhundert Jahren: Friedrich der Freudige hatte zum Fest gebeten. Wie jedesmal hatte sich auch der Abt eingefunden, als zu später Stunde ein wunderbar duftender gespickter Hase aufgetragen wurde. Nur hatte man vor lauter Feierei übersehen, daß es schon nach Mitternacht und der Fastentag angebrochen war. Also mußte (der Abt schaute grimmig) der Braten wieder verschwinden. Kurze Zeit später, es war noch immer Fastenzeit, erdreistete sich der Landesherr erneut, einen Hasen auftragen zu lassen (der Abt schaute noch viel grimmiger), aber diesmal kam der Gaumenspaß auf den Tisch und in den Mund. Denn der Braten war nicht „echt", er war aus Teig – sogar der Abt soll tüchtig zugelangt haben.

Adorfer Wachsstöckle

500 g Mehl, 30 g Hefe, 80 g Zucker, ¹/₄ l Milch, 80 g Butter, 1 Prise Salz,
¹/₂ TL abgeriebene, unbehandelte Zitronenschale, 2 Eier,
Fett zum Ausbacken, Streuzucker

Das Mehl in eine Schüssel sieben und in die Mitte eine Vertiefung drücken. Die Hefe mit 1 TL Zucker und etwas lauwarmer Milch verquirlen und in die Vertiefung gießen. Jetzt ein „Stöckle" (Hefevorteig) bereiten, indem 2 EL Mehl mit der Hefemilch vermischt werden. Alles zugedeckt 20 Minuten gehen lassen. Die Butter in Flöckchen, das Salz, den restlichen Zucker, die Zitronenschale und die Eier auf dem Mehlrand verteilen. Von der Mitte aus die Zutaten zu einem glatten Teig verkneten, dabei die restliche Milch zugeben. Den Teig kräftig schlagen, bis er glänzt. Zugedeckt 1 Stunde gehen lassen.
Nochmals durchkneten. 25 cm lange Rollen drehen und die Enden wie zu einem einfachen Knoten umeinanderschlingen. 15 Minuten gehen lassen. Danach schwimmend in siedendem Fett goldgelb ausbacken. Mit einem Schaumlöffel herausnehmen, abtropfen lassen und in Streuzucker wälzen.

Bäbe
(Rührkuchen)

Für den Teig: 250 g Rosinen, 6 EL Rum, 500 g Mehl, 30 g Hefe,
125 g Zucker, ¹/₄ l lauwarme Milch, 200 g Butter, 4 Eier,
4 EL Schlagsahne, 150 g gehackte Mandeln
Für die Glasur: 200 g Puderzucker, 4 EL Kakao, 30 g Butter
Außerdem: Butter und Semmelbrösel für die Napfkuchenform

Für den Teig die Rosinen waschen, abtropfen lassen und mit dem Rum übergießen. Das Mehl in eine Schüssel sieben, in die Mitte eine Vertiefung drücken. Die Hefe mit 1 TL Zucker in etwas lauwarmer Milch verquirlen und in die Vertiefung gießen. Etwas Mehl darüber stäuben. Zugedeckt an einem warmen Platz 30 Minuten gehen lassen. Butter, Zucker, Eier, Sahne und Mandeln auf dem Mehlrand anordnen. Von der Mitte aus die Zutaten vermengen. Rosinen zugeben. Den Teig so lange durchkneten, bis er glänzt. Zugedeckt an einem warmen Ort 1 weitere Stunde gehen lassen. Dann den Teig nochmals durchkneten und in eine ausgebutterte und mit Semmelbröseln ausgestreute Napfkuchenform füllen. Im vorgeheizten Backofen bei 200 Grad etwa 60 Minuten backen. Herausnehmen und etwas auskühlen lassen.
Für die Glasur den Puderzucker mit dem Kakao vermischen, sieben und mit 2 EL heißem Wasser glattrühren. Die Butter zerlassen und unterrühren. Die Bäbe aus der Form nehmen und mit der Schokoladenglasur überziehen.

Eine Bäbe ist zu jeder Jahreszeit (am liebsten täglich!) willkommen. Man mag sie am Morgen, am Nachmittag, an Sonntagen und zu allen feierlichen Anlässen. Sie ist ein Prunkstück auf der Kaffeetafel und eignet sich hervorragend zum „Didschen" und „fier den sießen Abbedid", der ja bekanntlich bei den sächsischen Feinschmeckern besonders ausgeprägt ist. Auch die sächsische Nationaldichterin Lene Voigt liebte diese Köstlichkeit und widmete ihr ein Gedicht:

> *„So manche Frau im Lande*
> *Bäckt Bäbe wunderbar,*
> *Das schlingt Familchenbande*
> *Scheen fest von Jahr zu Jahr."*

Dominosteine

Für den Teig: 300 g Honig, 50 g Zucker, 50 g Butter, 2 Eier,
1 Messerspitze gemahlene Nelken, ½ TL Zimt, 1 Messerspitze gemahlener Kardamom,
400 g Mehl, 1 Päckchen Backpulver, 3 EL Kakao, Butter für das Backblech
Für die Füllung: 200 g Marzipanrohmasse,
500 g Johannisbeergelee, 2 EL Rum
Für den Guß: 500 g Puderzucker, 3 EL Kakao, 50 g Kokosfett

Für den Teig in einem Topf Honig, Zucker und Butter langsam erwärmen und
dann in einer Schüssel auskühlen lassen. Eier, Nelken, Zimt und Kardamom einrühren. Mehl, Backpulver und Kakao vermischen und auf die Masse sieben. Alles
gut vermischen.
Ein Backblech ausbuttern, die Masse darauf geben. Im vorgeheizten Backofen bei
180 Grad 20 Minuten backen. Herausnehmen und auskühlen lassen. In Quadrate
von 2,5 cm schneiden und quer durchschneiden. Für die Füllung das Marzipan
ausrollen, ebenfalls in Quadrate von 2,5 cm schneiden, auf die Teighälften legen,
das mit Rum verrührte Gelee daraufgeben und die Quadrate wieder zusammensetzen.
Für den Guß Puderzucker und Kakao in 6-8 EL Wasser glattrühren. Die Masse
muß dickflüssig sein. Das Kokosfett zerlassen und unterrühren. Die Quadrate
damit oben und an den 4 Seitenflächen bestreichen.

Der Erfinder dieser süßen, saftigen, würzigen, genialen Idee ist der Dresdner Herbert
Wendler, der am 21. Mai 1933 in der Max-Hünig-Straße 14 seinen Betrieb „Dauer-
backwaren" eröffnete. Aber kaum einer weiß, daß er der Schöpfer dieser schwarzbraunen
Köstlichkeit ist, denn er ließ sich die Idee nicht patentieren. Hätte er sie Wendler- oder
Herbertsteine genannt, wäre der Kuchenbäcker ganz sicherlich berühmt geworden und, wie
seine vorzügliche Kreation, in aller Munde. „Ei verbibbsch noch ä mal! Da siddmersch
mal widder: Alles Sieße gommt aus Sachsen!"

Dresdner Christstollen

1,5 kg Sultaninen, 250 g Korinthen, ¹/₄ l Rum, 2,5 kg Mehl, 300 g Hefe,
³/₄ l Milch, 500 g Zucker, 4 Päckchen Vanillinzucker,
1 EL abgeriebene, unbehandelte Zitronenschale, 35 g Salz, 1,2 kg Butterschmalz,
150 g Zitronat, 150 g Orangeat, 10 gehackte bittere Mandeln,
300 g gehackte süße Mandeln, Butter für das Backblech
Für die Glasur: 250 g Butter, 80 g Zucker, 250 g Puderzucker

Am Vorabend des Backtages die verlesenen, gewaschenen Sultaninen und Korinthen mit Rum begießen und zugedeckt ziehen lassen. Die übrigen Zutaten in einen warmen Raum bringen.

Am Backtag das Mehl auf ein Backbrett sieben und in die Mitte eine Vertiefung drücken. Die Hefe mit etwas lauwarmer Milch verquirlen und in die Vertiefung gießen. Etwas Mehl darübergeben und verrühren. Zugedeckt 2 Stunden gehen lassen. Zucker, Vanillinzucker, Zitronenschale, Salz, weiches Butterschmalz, in kleine Würfel geschnittenes Zitronat und Orangeat, Mandeln und Milch zugeben und alles gut verkneten. Zugedeckt 3 Stunden gehen lassen.

Den Teig zusammenstoßen, gut durchkneten und in 1 oder 1½ kg schwere Stücke teilen. Die Teigstücke zu länglichen Broten formen, längs etwas einkerben und auf ein gebuttertes, leicht bemehltes Backblech legen. Nochmals 30 Minuten gehen lassen. Im vorgeheizten Backofen bei 200 Grad etwa 1 Stunde backen und dann etwas auskühlen lassen.

Für die Glasur die Stollen mit zerlassener Butter bepinseln, mit Zucker bestreuen und mit Puderzucker besieben. Nochmals Butter und Puderzucker daraufgeben. Der Stollen sollte mindestens 3–4 Wochen durchziehen, bevor er angeschnitten wird.

Weihnachten ohne Christstollen? Undenkbar! Das beliebte, wohlschmeckende Backwerk erinnert an das in weiße Windeln gewickelte Christuskind und hat mehrere Namen: Stollen, Stolle, Christbrot oder Strietzel. Von „Schreistolle" spricht man, wenn an Rosinen gespart wurde, weil die wenigen im Teig versteckten Rosinen sich untereinander nur schreiend verständigen können. „Flüsterstollen" hingegen heißen diejenigen, in deren Teig sich die Rosinen dicht an dicht zeigen und demzufolge eine Unterhaltung im Flüsterton möglich ist. Und dann gibt es auch noch den „Unglücksstollen", der Pech im nächsten Jahr bringt, wenn er beim Backen entzwei bricht.

Urkundlich wird das Backwerk erstmals in Naumburg im Jahre 1329 erwähnt. Es war nicht annähernd so schmackhaft und buttrig wie heute, denn die Zutaten, waren anno dazumal eine Rarität. Auch von dem Stollenmonster, 4 Meter lang, 1,65 Meter breit und 70 Zentimeter hoch, das alljährlich auf dem Dresdner Strietzelmarkt aufgeschnitten wird, hätten unsere Vorfahren nicht einmal zu träumen gewagt.

Dresdner Eierschecke

Für den Teig: 500 g Mehl, 30 g Hefe, 125 g Zucker, $^1/_4$ l Milch, 200 g Butter,
1 Päckchen Vanillinzucker, 1 Prise Salz, Butter für das Backblech
Für den Belag: 150 g Butter, 300 g Zucker, 8 Eier, 1 kg Quark,
1 Päckchen Puddingpulver (Vanillegeschmack),
$^1/_2$ TL abgeriebene, unbehandelte Zitronenschale, 1 Prise Salz,
1 EL geriebene Mandeln, 1 EL Stärkemehl, 3 EL Weinbrand

Für den Teig das Mehl in eine Schüssel sieben und in die Mitte eine Vertiefung drücken. Die Hefe mit 1 TL Zucker in etwas lauwarmer Milch verquirlen und in die Vertiefung gießen. Zugedeckt $^1/_2$ Stunde gehen lassen. Die in Stücke geschnittene Butter, den restlichen Zucker, den Vanillinzucker, die restliche Milch und das Salz auf den Mehlrand geben. Von der Mitte aus einen Teig bereiten und gut durchkneten. Zugedeckt 1 Stunde gehen lassen. Den Teig nochmals durchkneten und ausrollen. Das Backblech ausbuttern, den Teig daraufgeben und einen Rand hochziehen.

Für den Belag 100 g Butter schaumig rühren, nach und nach 200 g Zucker, 3 Eier, Quark, Puddingpulver, Zitronenschale, Salz und Mandeln einrühren. Die Masse auf den Teig streichen. Das Stärkemehl mit dem restlichen Zucker, 5 Eiern und der restlichen Butter verrühren. Weinbrand zugeben. Die Masse im heißen Wasserbad so lange schlagen, bis sie dickschaumig ist. Die Creme über die Quarkmasse ziehen. Im vorgeheizten Backofen bei 200 Grad etwa 45 Minuten backen. Die Oberhitze reduzieren, damit die Creme nicht zu dunkel wird.

Erzgebirgischer Aardäppelkuchen

1 kg Kartoffeln, 1 Prise Salz, 200 g Mehl, 100 g Margarine, 3 Eier,
100 g Butter, Zimtzucker, Butter für das Backblech

Die Kartoffeln mit der Schale kochen, pellen und durch die Kartoffelpresse drücken. Zur Kartoffelmasse Salz, Mehl, Margarine und Eier geben. Den Teig ausrollen. Ein Backblech ausbuttern, den Teig daraufgeben und im vorgeheizten Backofen bei 200 Grad etwa 20 Minuten backen. Sofort mit der restlichen zerlassenen Butter bestreichen und mit Zimtzucker bestreuen.

Tip: Nach Belieben können dem Teig noch gehackte Mandeln, Rosinen und Zitronat zugegeben werden. Dieser Sonntags- und Festtagskuchen schmeckt am besten, wenn er noch dampft.

Gefüllter Bienenstich

Für den Teig: 500 g Mehl, 30 g Hefe, $^1/_4$ l lauwarme Milch, 60 g Butter,
3 EL Zucker, 1 Prise Salz, 1 Ei
Für den Belag: 150 g Butter, 4 EL Schlagsahne, 150 g Zucker,
200 g gehackte Mandeln
Für die Füllung: $^1/_4$ l Milch, 1 Päckchen Vanillinzucker, 2 EL Zucker,
2 EL Stärkemehl, 6 EL Kaffeesahne, 2 Eigelb, $^1/_8$ l Schlagsahne
Außerdem: Butter für das Backblech

Für den Teig das Mehl in eine Schüssel sieben und in die Mitte eine Vertiefung drücken. Die Hefe hineinbröckeln und mit der Milch verrühren. Zugedeckt 20 Minuten an einem warmen Platz gehen lassen. Die Butter zerlassen und mit Zucker, Salz und Ei auf den Mehlrand geben. Von der Mitte her alle Zutaten vermengen. So lange kneten, bis sich der Teig vom Schüsselboden löst. Zugedeckt 1 Stunde gehen lassen. Durchkneten und auf bemehlter Fläche ausrollen. Das Backblech ausbuttern, den Teig daraufgeben und einen Rand hochziehen. Für den Belag die Butter zerlassen. Sahne, Zucker und Mandeln einrühren und kurz erhitzen, bis die Mandeln leicht glasig sind. Etwas auskühlen lassen. Auf den Teig streichen. 10 Minuten gehen lassen. Im vorgeheizten Backofen bei 200 Grad etwa 30 Minuten backen.

Für die Füllung die Milch mit dem Vanillinzucker zum Kochen bringen und vom Herd nehmen. Zucker, Stärkemehl und Kaffeesahne verrühren und zur Milch geben. Unter Rühren kurz aufkochen und danach auskühlen lassen. Das Eigelb unterrühren. Die Sahne steif schlagen und unter die Creme ziehen. Den ausgekühlten Bienenstich in der Mitte waagerecht durchschneiden, die Creme aufstreichen und wieder zusammensetzen.

Tip: Man kann den Kuchen zunächst in 4 Teile schneiden, dann läßt er sich besser waagerecht durchschneiden.

Kaffeestreifen

375 g Mehl, 60 g feingemahlener Bohnenkaffee,
1/2 Päckchen Backpulver, 100 g Butter, 150 g Zucker, 2 Eier, 2 Eigelb,
1 TL abgeriebene, unbehandelte Zitronenschale, 1 Päckchen Vanillinzucker,
1 Prise Salz, 200 g weiße Kuvertüre, 50 g Kokosfett,
125 g geröstete Mandelblättchen, Butter für das Backblech

Das Mehl in eine Schüssel sieben. Kaffee und Backpulver zugeben und vermischen. Die Butter mit Zucker, Eiern und Eigelb schaumig schlagen. Zitronenschale, Vanillinzucker und Salz zufügen. Nach und nach das mit dem Kaffee und dem Backpulver vermischte Mehl einarbeiten und einen glatten Teig bereiten. Den Teig auf bemehlter Fläche ausrollen und 2 cm breite und 6 cm lange Streifen schneiden. Ein Backblech ausbuttern, die Streifen daraufgeben und im vorgeheizten Backofen bei 160 Grad etwa 12 Minuten backen.
Die Kuvertüre grob zerkleinern, mit dem Kokosfett unter Rühren im Wasserbad zum Schmelzen bringen und dann kühl stellen, bis die Masse fast fest geworden ist. Nochmals bei milder Hitze schmelzen, aber nicht zu warm werden lassen. Die Kaffeestreifen jeweils zur Hälfte in die Kuvertüre tauchen und in den gerösteten Mandelblättchen wenden. Kühl aufbewahren.

Kirschkuchen

Für den Teig: 500 g Mehl, 30 g Hefe, 4 EL Zucker, 1/4 l Milch, 100 g Butter,
1 Ei, 1 Prise Salz, 1 TL abgeriebene, unbehandelte Zitronenschale, 1 Prise Muskat
Für den Belag: 1,5 kg entsteinte Sauerkirschen
Für die Streusel: 200 g Mehl, 150 g Zucker, 150 g Butter,
100 g gehackte Mandeln, 1 TL Zimt, 1 Prise Salz
Außerdem: Butter für das Backblech, Zucker zum Bestreuen

Für den Teig das Mehl in eine Schüssel sieben und in die Mitte eine Vertiefung drücken. Die Hefe mit 1 TL Zucker in etwas lauwarmer Milch verquirlen und in die Vertiefung geben. Etwas Mehl darüberstäuben. Zugedeckt 20 Minuten gehen lassen. Den restlichen Zucker, die Butter in Flöckchen, das Ei, das Salz, die Zitronenschale, Muskat auf dem Mehlrand verteilen und von der Mitte her alle Zutaten miteinander verkneten. Zugedeckt 30 Minuten gehen lassen. Ein Backblech ausbuttern. Den Teig nochmals gut durchkneten, auf bemehlter Fläche ausrollen, auf das Backblech geben und einen Rand hochziehen. Mit den abgetropften Kirschen die Teigplatte belegen.
Für die Streusel Mehl, Zucker, Butterflöckchen, Mandeln, Zimt und Salz verrühren und auf die Kirschen geben. Im vorgeheizten Backofen bei 200 Grad 45 Minuten backen. Herausnehmen und sofort mit Zucker bestreuen.

Kleckselkuchen

Für den Teig: 500 g Mehl, 30 g Hefe, 100 g Zucker, 1/4 l lauwarme Milch,
1 Prise Salz, 50 g Butterschmalz
Für die Quarkmasse: 100 g Rosinen, 4 EL Rum, 500 g Quark, 2 Eigelb,
50 g Butter, 125 g Zucker, 2 EL Milch, 1 EL Stärkemehl, 2 EL Zitronensaft
Für die Mohnmasse: 50 g Butter, 200 g gemahlener Mohn, 1/8 l Milch,
3 EL Semmelbrösel, 4 EL Zucker, 1 kräftige Prise Zimt
Für die Streusel: 100 g Mehl, 100 g Zucker, 100 g Butter
Außerdem: 4 Äpfel, 4 EL Zitronensaft, 50 g Butter, 100 g Puderzucker,
Butter für das Backblech

Für den Teig das Mehl in eine Schüssel sieben und in die Mitte eine Vertiefung drücken. Die Hefe mit 1 TL Zucker in etwas lauwarmer Milch verquirlen und in die Vertiefung gießen. Etwas Mehl darüberstäuben. Den restlichen Zucker, Salz und Butterschmalz auf den Mehlrand geben. Zugedeckt 30 Minuten gehen lassen. Die Zutaten von der Mitte her vermengen, dabei die restliche Milch einarbeiten. Den Teig so lange kneten, bis er Blasen wirft. Er muß weich bleiben. Sollte er kleben, noch etwas Mehl zugeben. Zugedeckt 1 Stunde gehen lassen. Für die Quarkmasse die Rosinen in Rum einweichen. Den Quark durch ein Sieb streichen. Eigelb, Butter und Zucker schaumig schlagen. Milch und nach und nach den Quark unterrühren. Stärkemehl, Zitronensaft und Rosinen zugeben. Die Masse schlagen, bis sie cremig ist.

Für die Mohnmasse die Butter zerlassen. Mohn und Milch zugeben und verrühren. Zum Kochen bringen und 5 Minuten köcheln lassen, dabei weiter rühren. Semmelbrösel, Zucker und Zimt zufügen und alles nochmals aufkochen lassen. Auskühlen lassen. Mehrmals umrühren, damit sich keine Haut bildet. Den Teig zusammenstoßen, durchkneten und auf bemehlter Fläche ausrollen. Das Backblech ausbuttern, den Teig daraufgeben, einen Teigrand hochziehen und den Teig mehrmals mit einer Gabel einstechen. Mit einem Eßlöffel Quark- und Mohnmasse abwechselnd darauf „klecksen".

Die Äpfel schälen, in Viertel, dann in Spalten schneiden und das Kernhaus dabei entfernen. Die Apfelspalten mit Zitronensaft beträufeln und zwischen den Quark- und Mohnklecksen anordnen. Für die Streusel Mehl und Zucker vermischen. Butterflöckchen zugeben. Mit 2 Gabeln oder mit den Händen die Zutaten zu Streuseln vermengen und auf den Kuchen streuen. Im vorgeheizten Backofen bei 200 Grad etwa 45 Minuten backen. Herausnehmen und mit Puderzucker besieben.

Tip: Wer beim Backen eine besonders leichte, feine Teigmasse bevorzugt, sollte etwas weniger Mehl und statt dessen Speisestärke zugeben. Es mindert die Wirkung des Klebers.

Kräbbelchen

50 g Butter, 80 g Zucker, 1 Päckchen Vanillinzucker, 2 Eier, 1 Prise Salz,
3 EL Rum, 250 g Mehl, 1 TL Backpulver, Fett zum Ausbacken,
Puderzucker zum Bestäuben

Butter, Zucker, Vanillinzucker, Eier, Salz und Rum verrühren. Das Mehl mit dem Backpulver vermischen, sieben und nach und nach in die Butter-Eier-Masse einrühren. Den Teig ¹/₂ cm dick ausrollen. Rechtecke schneiden oder mit einem Kuchenrädchen ausrollen. In einem Topf das Fett erhitzen und die Teigstücke schwimmend darin ausbacken, bis sie goldbraun sind. Herausnehmen, abtropfen lassen und mit Puderzucker besieben.

Leipziger Lerchen

Für den Teig: 250 g Mehl, 1 Ei, 1 Prise Salz, 1 TL Rum,
2 EL Zucker, 125 g Butter
Für die Füllung: 125 g Butter, 4 EL Zucker, 1 Eigelb,
175 g Mandeln, darunter 2 bittere, 50 g Mehl, 2 EL Stärkemehl, 4 Eiweiß,
250 g Aprikosenkonfitüre
Außerdem: Butter für die Förmchen

Für den Teig das Mehl in eine Schüssel sieben und in die Mitte eine Vertiefung drücken. Ei, Salz, Rum, Zucker und Butter in Flöckchen hineingeben. Von der Mitte aus die Zutaten zu einem glatten Teig verarbeiten. 1 Stunde kalt stellen. Für die Füllung die Butter schaumig rühren. Puderzucker, Eigelb, Mandeln, Mehl und Stärkemehl zugeben und gut verrühren. Eiweiß zu steifem Schnee schlagen und vorsichtig unterheben.
Den Teig ¹/₂ cm dick ausrollen, einen Teigrest beiseite legen. Kleine Tortenförmchen ausbuttern und mit Teig auslegen, Aprikosenkonfitüre aufstreichen und darauf die Mandelmasse verteilen. Obenauf jeweils zwei Teigstreifen legen. Im vorgeheizten Backofen bei 180 Grad etwa 20 Minuten backen. Herausnehmen, stürzen und sofort wieder umdrehen.

Singvögel, speziell Lerchen, waren, egal ob gekocht, gebraten, gefüllt, in Aspik oder als herzhafter Tortenbelag, ein sehr begehrtes Gaumenvergnügen. Nicht nur bei den Leipzigern. Auch andernorts schätzte man diese Delikatessen. Geschäftsleute erkannten die gute Geldeinnahmequelle und sorgten für ausreichenden Versand. Im Jahre 1876 war damit Schluß, das Fangen von Singvögeln wurde verboten. Ein Ersatz mußte her, denn man wollte die inzwischen angeheuerte Kundschaft nicht verlieren. Die Wahl fiel auf ein Marzipantörtchen, weil es schmackhaft und haltbar zugleich war. Die süße Leckerei fand Gnade vor Gaumens Lust. Man kann ihrem Zauber bis heute nur schwerlich widerstehen.

Leipziger Ringelschwänzchen

*50 g Butter, 80 g Zucker, 1 Prise Salz, 2 Eier, 6 EL Weißwein,
250 g Mehl, 1 TL gemahlener Ingwer, Öl zum Ausbacken,
Puderzucker zum Bestreuen*

Butter, Zucker, Salz und Eier schaumig schlagen. Den Weißwein einrühren. Das Mehl sieben und mit dem Ingwer zugeben. Einen glatten Teig bereiten. Auf bemehlter Fläche ausrollen, Stücke von 2 cm Breite und 12 cm Länge schneiden, über einen Quirlstiel drehen und sofort in erhitztem Öl goldbraun ausbacken. Mit Puderzucker besieben.

LPG-Kuchen

*Für den Teig: 250 g Butter, 4 Eier, 250 g Puderzucker, 1 Päckchen Vanillinzucker,
1 Prise Salz, 250 g Mehl, 2 gestrichene TL Backpulver, Butter für das Backblech
Für die Creme: ¹/₂ l Milch, 1 Päckchen Vanillepudding, 2 EL Zucker, 250 g Butter,
250 g Butterkekse, etwas Weinbrand
Für den Guß: 200 g Puderzucker, 3 EL Kakao, 2 Eier, 250 g Kokosfett*

Für den Teig in einer Schüssel die Butter schaumig schlagen. Die Eier trennen.
Eigelb, Puderzucker, Vanillinzucker und das Salz zur Butter geben und kräftig
schlagen. Das Mehl mit dem Backpulver vermischen, sieben und nach und nach
in den Teig rühren. Das Eiweiß zu steifem Schnee schlagen und unter den Teig
heben. Ein Backblech ausbuttern und den Teig darauf verteilen. Im vorgeheizten
Backofen bei 200 Grad etwa 20 Minuten backen.
Für die Creme die Milch in einem Topf erhitzen. Den Vanillepudding mit dem
Zucker in wenig Wasser glatt rühren. In die Milch rühren und kurz aufkochen.
Vom Herd nehmen und auskühlen lassen. Die Butter schaumig rühren. Den
Pudding löffelweise einrühren. Gut verrühren und auf dem Kuchenboden verteilen. Die Kekse kurz in Weinbrand tauchen und lückenlos auf der Buttercreme
anordnen.
Für den Guß den Puderzucker mit dem Kakao vermischen, die Eier und das
zerlassene, ausgekühlte Kokosfett einrühren, so daß eine dickflüssige Masse entsteht. Mit dem Guß die Kekse überziehen. Kalt stellen.

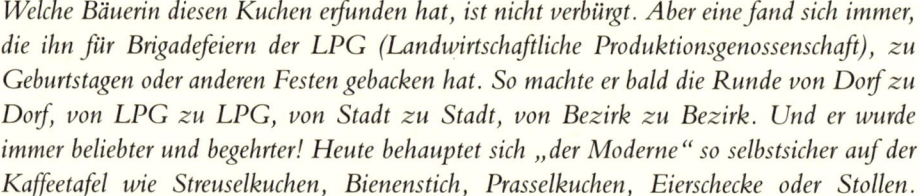

*Welche Bäuerin diesen Kuchen erfunden hat, ist nicht verbürgt. Aber eine fand sich immer,
die ihn für Brigadefeiern der LPG (Landwirtschaftliche Produktionsgenossenschaft), zu
Geburtstagen oder anderen Festen gebacken hat. So machte er bald die Runde von Dorf zu
Dorf, von LPG zu LPG, von Stadt zu Stadt, von Bezirk zu Bezirk. Und er wurde
immer beliebter und begehrter! Heute behauptet sich „der Moderne" so selbstsicher auf der
Kaffeetafel wie Streuselkuchen, Bienenstich, Prasselkuchen, Eierschecke oder Stollen.*

Meißner Quarkstangen

300 g Quark, 2 Eier, 100 g Zucker, 50 g weiche Butter, 200 g Mehl,
1 TL Backpulver, 1 Prise Salz, 1 TL abgeriebene, unbehandelte Zitronenschale,
Butterschmalz zum Ausbacken, Zimtzucker

Quark, Eier, Zucker und Butter gut verrühren. Mehl und Backpulver vermischen, sieben und mit dem Salz und der Zitronenschale einarbeiten. Einen glatten Teig bereiten. Kleine Stangen formen und in Butterschmalz goldgelb ausbacken. Mit Zimtzucker bestreuen.

Oberlausitzer Gänsefettkuchen

Für den Teig: 200 g Gänsefett, 150 g Zucker, 1 Päckchen Vanillinzucker,
4 Eier, 6 EL Schlagsahne, 1 Prise Salz, 4 EL Weinbrand, 500 g Mehl,
1 Päckchen Backpulver, Butter für die Springform
Für die Füllung: 250 g Johannisbeergelee,
je 100 g geröstete Haferflocken und gehackte Mandeln
Außerdem: Puderzucker zum Bestäuben

Gänsefett, Zucker und Vanillinzucker in einer Schüssel schaumig schlagen. Eier, Schlagsahne, Salz und Weinbrand unterrühren. Das Mehl mit dem Backpulver vermischen, sieben und nach und nach einrühren. Eine Springform ausbuttern, den Teig einfüllen und im vorgeheizten Backofen bei 200 Grad etwa 50 Minuten backen. Auskühlen lassen. Den Kuchen in der Mitte waagerecht durchschneiden.
Für die Füllung das Gelee leicht erhitzen. Haferflocken und Mandeln einrühren. Mit dieser Masse eine Kuchenhälfte bestreichen, die andere daraufsetzen. Zuletzt mit Puderzucker besieben.

Ein schöner Brauch in der Oberlausitz ist es, zu Silvester all jenen, die man besonders mag, einen Glücksbringer (etwas Gebackenes), das „Neujährchen", zu überreichen.

Oberlausitzer Stachelbeercremekuchen

Für den Teig: 100 g weiche Butter, 100 g Zucker, 2 Eier, 250 g Mehl,
1 gestrichener TL Backpulver, Butter für das Backblech
Für die Creme: 1 Päckchen Vanillepudding, ¼ l Milch, 50 g Butter, 50 g Zucker,
4 EL Schlagsahne, 4 Eigelb
Für den Belag: 500 g Stachelbeeren, 150 g Zucker, 4 Eiweiß, 2 TL Stärkemehl

Für den Teig die Butter schaumig schlagen, Zucker und Eier einrühren. Das
Mehl mit dem Backpulver vermischen, sieben und nach und nach einarbeiten.
Den Teig ausrollen. Das Backblech ausbuttern, den Teig daraufgeben. Einen
Rand hochziehen. Bei 200 Grad im vorgeheizten Backofen backen.
Für die Creme das Puddingpulver mit etwas Milch verquirlen. Die restliche
Milch mit der Butter und dem Zucker zum Kochen bringen, das Puddingpulver
einrühren. Kurz aufkochen und danach etwas auskühlen lassen. Die Eigelb ein-
rühren. Kalt stellen.
Für den Belag die Stachelbeeren waschen, putzen und in ⅛ l Wasser mit 100 g
Zucker zum Kochen bringen. 2 Minuten köcheln lassen. Das Stärkemehl in
wenig kaltem Wasser verquirlen und unterrühren. Die Creme auf den gebacke-
nen Teigboden streichen und die Stachelbeermasse darauf verteilen. Das Eiweiß
mit dem restlichen Zucker zu steifem Schnee schlagen, in einen Spritzbeutel mit
Tülle füllen und über die Stachelbeeren geben. Im Backofen bei starker Oberhitze noch etwa 5 Minuten bräunen.

Den Sachsen um Leipzig herum würde an diesem Kuchen eine ganz wichtige Zutat
fehlen: die Streusel. Kein Obstkuchen ist komplett, der nicht dick mit zuckrig-buttrigen
Streuseln belegt ist. Und „nadierlich muß eene dichtche Porzion Schlaachsahne dabei sin!"

Osterkranz

*Für den Teig: 300 g Mehl, 30 g Hefe, 80 g Zucker, $^1/_8$ l Milch,
1 Prise Salz, 50 g Butter
Für die Füllung: 250 g gehackte Mandeln, 125 g Zucker,
1 Päckchen Vanillinzucker, 50 g Korinthen, 5 EL Schlagsahne, 2 EL Rum
Für die Glasur: 200 g Puderzucker, 2 EL Zitronensaft,
kleine bunte Zuckereier zum Verzieren
Außerdem: Butter für das Backblech*

Für den Teig das Mehl in eine Schüssel sieben und in die Mitte eine Vertiefung drücken. Die Hefe und 1 TL Zucker mit etwas lauwarmer Milch verrühren, in die Vertiefung gießen und etwas Mehl darüberstäuben. Zugedeckt 30 Minuten gehen lassen. Von der Mitte aus einen Teig kneten, dabei die restlichen Teigzutaten zugeben. So lange kneten, bis sich der Teig vom Schüsselboden löst. Zugedeckt nochmals 30 Minuten gehen lassen. Den Teig zusammenstoßen, gut durchkneten und auf bemehlter Fläche zu einem Rechteck von 30 x 40 cm ausrollen.

Für die Füllung die Mandeln mit Zucker, Vanillinzucker, gewaschenen, abgetropften Korinthen, Sahne und Rum vermischen. Die Masse auf den Teig streichen. Von der Längsseite her den Teig gleichmäßig aufrollen. Einen Kranz formen. Das Backblech ausbuttern, den Kranz daraufgeben und den äußeren Kranzrand im Abstand von 2 cm einschneiden. 15 Minuten gehen lassen. Im vorgeheizten Backofen bei 200 Grad etwa 45 Minuten backen. Herausnehmen und auskühlen lassen.

Aus Puderzucker und Zitronensaft einen Guß rühren und den Osterkranz damit glasieren. Mit Zuckereiern verzieren.

Osterbrot

50 g Butter, 100 g Zucker, 1 Prise Salz, 250 g gut ausgepreßter Quark,
8 EL Milch, 100 g Korinthen, 150 g gehackte Mandeln, 500 g Mehl,
2 Päckchen Backpulver, 1 Eigelb, Butter für die Kastenform

Die Butter schaumig rühren. Nach und nach Zucker, Salz, Quark, Milch, gewaschene, abgetropfte Korinthen und die Mandeln zufügen. Das Mehl mit dem Backpulver vermischen. Zwei Drittel davon unterrühren. Das restliche Mehl auf ein Backbrett geben, den Teigbrei darauflegen und mit dem Mehl zu einem festen, glatten Teig verarbeiten. Eine Kastenform ausbuttern, den Teig einfüllen, mit verquirltem Eigelb bestreichen und im vorgeheizten Backofen bei 200 Grad etwa 45 Minuten backen.

Ostertorte

Für den Teig: 160 g Mehl, 8 Eier, 250 g Zucker, 2 EL Zitronensaft
Für die Füllung: 125 g Butter, 200 g gehackte Walnüsse,
200 g Puderzucker, $^1/_2$ Vanillestange
Für die Glasur: 200 g Puderzucker, 2 EL Zitronensaft, bunte Zuckereier
Außerdem: Backpapier für die Springform

Für den Teig das Mehl sieben, die Eier trennen. Eigelb mit Zucker und Zitronensaft schaumig schlagen. Nach und nach das Mehl einrühren. Eiweiß zu steifem Schnee schlagen und vorsichtig unterheben. Eine Springform mit Backpapier auslegen und den Teig daraufgeben. Im vorgeheizten Backofen bei 200 Grad etwa 25 Minuten backen. Herausnehmen, auskühlen lassen und waagerecht in 3 Teile schneiden.
Für die Füllung die Butter schaumig schlagen. Nüsse, Zucker und ausgeschabte Vanille unterrühren und zwischen die Tortenböden streichen. Puderzucker und Zitronensaft verrühren und die Torte damit glasieren. Mit bunten Ostereiern verzieren.

Tip: Eiweiß läßt sich am besten mit dem Schneebesen aufschlagen. Der Schnee wird fester als mit einem Handrührgerät, man braucht aber etwas mehr Zeit.

Prasselkuchen

Für den Teig: 250 g Mehl, 15 g Hefe, 4 EL Zucker, 100 ml lauwarme Milch,
1 Messerspitze Salz, 80 g Butterschmalz,
1 TL abgeriebene, unbehandelte Zitronenschale
Für den Belag: 200 g Aprikosenkonfitüre
Für die Streusel: 200 g Mehl, 175 g Zucker, 1 Päckchen Vanillinzucker,
1 Prise Zimt, 150 g Butter
Für den Guß: 150 g Puderzucker
Außerdem: Butter für das Backblech

Für den Teig das Mehl in eine Schüssel sieben und in die Mitte eine Vertiefung drücken. Die Hefe mit 1 TL Zucker und etwas Milch verquirlen und in die Vertiefung gießen. Etwas Mehl darüberstäuben. Salz, das Butterschmalz in Flöckchen, den restlichen Zucker und die Zitronenschale auf dem Mehlrand verteilen. Zugedeckt 30 Minuten gehen lassen. Von der Mitte her die Zutaten kräftig durchkneten. Nochmals 1 Stunde gehen lassen. Das Backblech ausbuttern. Den Teig zusammenstoßen, nochmals durchkneten, auf bemehlter Fläche ausrollen und auf das Backblech geben. Mehrmals mit einer Gabel einstechen und einen Rand hochziehen. Die Aprikosenkonfitüre aufstreichen.
Für die Streusel Mehl, Zucker, Vanillinzucker und Zimt vermischen. Die Butter in Flöckchen dazugeben. Mit den Händen oder mit zwei Gabeln die Zutaten zu Streuseln verarbeiten und auf die Aprikosenkonfitüre streuen. Im vorgeheizten Backofen bei 200 Grad etwa 30 Minuten backen. Herausnehmen und sofort mit einer Glasur überziehen. Dafür den Puderzucker mit 2 EL Wasser verrühren.

Als Erich Kästner noch ein kleiner Junge war und in Dresden lebte, gab es vor den Oster-
ferien die Zensuren. Das ging recht feierlich vonstatten. Die Eltern wurden eingeladen und
die Kinder sangen und deklamierten für sie. Auch Ida Kästner, Erichs Mutter, ließ es sich
nicht nehmen, dabei zu sein.
Erich Kästner erinnert sich noch mit Vergnügen daran, daß sie anschließend in der Kon-
ditorei „Parseval" einkehrten, wo er „mit Bienenstich, Prasselkuchen und heißer
Schokolade traktiert wurde." Und er fragt seine Leser: „Wißt ihr, was Prasselkuchen ist?
Nein? Ach, ihr Ärmsten!" Die Konditorei gibt es nicht mehr. Aber das Prasselkuchen-
vergnügen kann man sich, wenn man will, in der eigenen Küche herbeizaubern.

Pulsnitzer Pfefferkuchen

250 g Honig, 250 g Zucker, 50 g Butter, 3 EL Kakao, 600 g Mehl,
1 Messerspitze Zimt, 4 g Kardamom, ½ TL abgeriebene, unbehandelte Zitronenschale,
125 g gehackte Mandeln, 2 EL gehacktes Zitronat, 1 Ei, 10 g Hirschhornsalz,
5 g Pottasche, Butter für das Backblech, Puderzucker für die Glasur,
Zuckerperlen zum Verzieren

Honig, Zucker und Butter erhitzen, verrühren und auskühlen lassen. Kakao und
Mehl vermischen, sieben und mit Zimt, Kardamom, Zitronenschale, Mandeln,
Zitronat und Ei zur Honigmasse geben. Hirschhornsalz und Pottasche getrennt
in wenig Wasser auflösen und ebenfalls zufügen. Alles zu einem glatten Teig verkneten. Mit einem Tuch bedecken und über Nacht an einem kalten Platz ruhen
lassen. ½ cm dick ausrollen und Sterne, Herzen, Kreise, Weiblein oder Männlein
ausstechen und auf ein gebuttertes Backblech legen. Im vorgeheizten Backofen
bei 180 Grad etwa 12 Minuten backen. Auskühlen lassen. Nach Belieben mit
Zuckerglasur und Zuckerperlen verzieren.

Seit dem Jahre 1743 duftet es in Pulsnitz das ganze Jahr über nach Weihnachten, denn
da gründete Tobias Thomas die erste Pfefferküchlerei. Viele Backkünstler machten es ihm
nach. Und noch heute kann man in zahlreichen kleinen Schaufenstern wunderschön
bemalte und appetitliche Kunstwerke sehen (zum Aufessen beinahe zu schade!). Einige
Kilometer entfernt, in Weißenberg, steht das einzige Pfefferkuchenmuseum Deutschlands.
Zu bestaunen gibt es Kücheneinrichtungen und -utensilien der fleißigen Pfefferküchler von
anno dazumal.

Quarkstollen

200 g Sultaninen, 4 EL Rum, 500 g Mehl, 1 Päckchen Backpulver,
150 g Zucker, 1 Prise Salz, 1 TL abgeriebene, unbehandelte Zitronenschale,
2 Eier, 250 g ausgepreßter Quark, 175 g weiche Butter, 150 g gehackte Mandeln,
5 gehackte bittere Mandeln, 3 EL Zitronatwürfel,
Butter für das Backblech und zum Bestreichen, Puderzucker zum Bestäuben

Verlesene und gewaschene Sultaninen mit Rum begießen und zugedeckt ziehen lassen. Das Mehl mit dem Backpulver in eine Schüssel sieben. In die Mitte eine Vertiefung drücken. Zucker, Gewürze und Eier hineingeben. Alles vermischen. Quark, Butter, Sultaninen, Mandeln und Zitronatwürfel zugeben. Alles gut verkneten und zu einem länglichen Brot formen. Längs etwas einkerben. Ein Backblech ausbuttern, den Quarkstollen daraufsetzen. Im vorgeheizten Backofen bei 200 Grad 1 gute Stunde backen. Herausnehmen, mit zerlassener Butter bepinseln und mit Puderzucker besieben.

Reformationsbrötchen

500 g Mehl, 40 g Hefe, 2 EL Zucker, 1/4 l Milch, 50 g Butter,
1 kräftige Prise Salz, 100 g gehackte Mandeln, 100 g Korinthen,
1 EL Zitronat, 200 g Erdbeerkonfitüre, Puderzucker zum Bestäuben

Das Mehl in eine Schüssel sieben und in die Mitte eine Vertiefung drücken. Die Hefe mit dem Zucker und etwas lauwarmer Milch verrühren, in die Vertiefung geben und etwas Mehl darüber streuen. Sobald das auf die Hefe gestreute Mehl rissig wird, von der Mitte aus die Hefe mit dem Mehl und den übrigen Zutaten verarbeiten. Nach und nach die restliche Milch zufügen. Der Teig muß weich bleiben. Wenn er klebt, noch etwas Mehl zugeben. Den Teig 1 Stunde zugedeckt gehen lassen. Danach durchkneten und ausrollen. Vierecke von 12 cm Durchmesser ausrädeln und die Ecken zur Mitte hin einschlagen. Die Zipfel sollen aneinanderstoßen. In die Mitte etwas Konfitüre geben. Nochmals 20 Minuten gehen lassen. Im vorgeheizten Backofen bei 200 Grad etwa 20 Minuten goldbraun backen. Nach Belieben mit Puderzucker besieben oder glasieren.

Quittentorte

Für den Teig: 250 g Mehl, 200 g Butter, 80 g Zucker, 1 Prise Salz,
abgeriebene Schale von 1 unbehandelter Zitrone, 2 Eier,
Butter für das Backblech, 2 EL Milch
Für den Belag: 1 kg Quitten, 2 EL Zitronatwürfel, 250 g Zucker
Für den Guß: 4 Eier, 100 g Zucker, 100 g gemahlene Mandeln, 2 EL Zitronensaft
Außerdem: 50 g Butter, 4 EL geröstete Mandeln, 2 EL Zucker

Für den Teig das Mehl in eine Schüssel sieben und in die Mitte eine Vertiefung drücken. Butter in Flöckchen, Zucker, Salz und Zitronenschale auf den Mehlrand geben. Die Eier verquirlen und in die Vertiefung gießen. Die Zutaten von der Mitte her vermengen und zu einem glatten Teig verkneten. 30 Minuten kalt stellen.

Für den Belag die Quitten unter fließendem Wasser abbürsten, dann schälen und mit einem scharfen Messer in Viertel schneiden. Kernhaus herausschneiden. Die Quitten in $^3/_4$ l Wasser zum Kochen bringen und 20 Minuten köcheln lassen. Herausnehmen und abtropfen lassen, dabei den Saft auffangen. Die Quitten in kleine Würfel schneiden. $^1/_4$ l Quittenwasser mit dem Zucker aufkochen, Quitten- und Zitronatwürfel zugeben und 20 Minuten zu einer geleeartigen Masse einköcheln lassen. Abkühlen lassen. Den Teig ausrollen. Eine Springform ausbuttern, mit dem Teig auslegen und mehrmals mit einer Gabel einstechen. Aus Teigresten eine Rolle formen. Den Rand der Teigplatte mit Milch bestreichen und die Rolle daraufgeben. Von der Quittenmasse 5 EL abnehmen und beiseite stellen. Die restliche Quittenmasse auf den Teig füllen.

Für den Guß Eier und Zucker schaumig rühren. Mandeln, Zitronensaft und die 5 EL Quittengelee unterziehen. Den Guß auf der Torte verteilen. Im vorgeheizten Backofen bei 200 Grad etwa 45 Minuten backen. Herausnehmen, mit zerlassener Butter bestreichen und mit Mandeln und Zucker bestreuen.

Russisch Brot

¹/₄ l Eiweiß, 125 g Puderzucker, 750 g Zucker, 1 Päckchen Vanillinzucker,
2-3 EL Zuckercouleur (Fertigprodukt), 450 g Mehl, Butter für das Backblech

Das Eiweiß zu steifem Schnee schlagen, dabei den gesiebten Puderzucker
allmählich zufügen. In einem Topf Zucker und Vanillinzucker mit 375 ml Wasser
zum Kochen bringen und unter Rühren auflösen. So lange kochen, bis die
sirupähnliche Masse am Rührlöffel einen Faden zieht. Sofort den Zucker in
dünnem Strahl in das geschlagene Eiweiß einlaufen lassen, dabei kräftig weiterschlagen. Danach noch so lange schlagen, bis die Masse erkaltet ist.
Zuckercouleur mit dem gesiebten Mehl in die Eiweißmasse einrühren. Ein
Backblech ausbuttern. Die Masse in einen Spritzbeutel mit Lochtülle füllen und
auf das Backblech Buchstaben und Zahlen spritzen. Über Nacht trocknen
lassen. Es muß sich auf der Masse eine schwache Kruste bilden. Im Backofen bei
130 Grad etwa 20 Minuten backen.

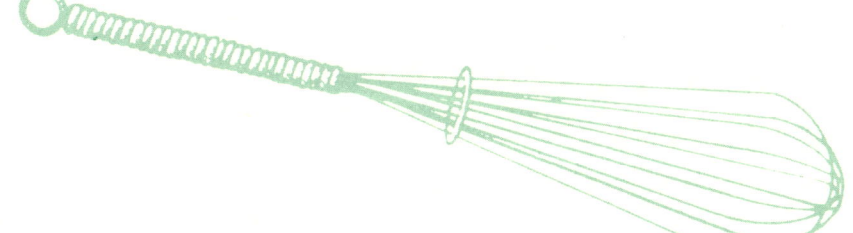

Russisch Brot wurde von den Russen nicht erfunden, aber auf legendäre Art kreiert. So
soll es gewesen sein: Während des Wiener Kongresses (1.11.1814 bis 19.6.1815)
wollte ein russischer Großfürst zu einem festlichen Gelage einladen und eine Gaumen-
freude auf den Tisch bringen, die für immer im Gedächtnis der Gäste bleiben sollte. Es
gelang ihm tatsächlich: Zwei Konditoren, die er eigens für dieses Fest aus Frankreich
kommen ließ, schufen ein Buchstabengebäck, so hauchzart und wohlschmeckend, wie man
es bis dato noch nie gegessen hatte. Es erhielt viele Bravos und den Namen „Russisch
Brot". In den österreichischen, ungarischen und deutschen Konditoreien machte die
Köstlichkeit bald Furore.
In Dresden hat die Herstellung dieser süßen Lust eine lange Tradition. Erstmals ließen die
Gebrüder Hörmann das Gebäck herstellen. Es war bald so begehrt und berühmt, daß es
sogar nach Übersee verschickt wurde. Auch heute noch wird Russisch Brot hergestellt, zwar
nicht mehr so beschwerlich, in manueller Kleinarbeit wie dereinst, aber immer noch nach der
ursprünglichen Rezeptur.

Storchennest

400 g mehligkochende Kartoffeln, 50 g Hefe, $^1/_4$ l Milch, 1 kg Mehl,
2 TL Salz, 150 g gehackte Mandeln, 2 Eigelb, Butter für das Backblech

Die Kartoffeln kochen, pellen und durch die Kartoffelpresse drücken. Die Hefe in etwas lauwarmer Milch verquirlen. Das Mehl in eine Schüssel sieben und in die Mitte eine Vertiefung drücken. Auf den Mehlrand das Salz streuen. Die angerührte Hefe in die Vertiefung gießen, mit etwas Mehl zu einem Vorteig verrühren. Zugedeckt 30 Minuten gehen lassen. Die Kartoffelmasse und die Mandeln dazugeben und alles gut verkneten. Nochmals zugedeckt 30 Minuten gehen lassen. Das Backblech ausbuttern. Den Teig durchkneten, 20 Kugeln formen, diese dicht aneinander wie zu einem Nest auf das Backblech setzen und nochmals 20 Minuten gehen lassen. Mit verquirltem Eigelb bestreichen. Im vorgeheizten Backofen bei 200 Grad etwa 45 Minuten backen.

Streuselkuchen

Für den Teig: 100 g Rosinen, 3 EL Rum, 30 g Hefe, 2 EL Zucker, $^1/_4$ l Milch,
500 g Mehl, 1 Prise Salz, 125 g Butterschmalz
Für die Streusel: 200 g Zucker, $^1/_2$ TL Zimt, 200 g Mehl, 150 g Butterschmalz
Außerdem: Butter für das Backblech, 100 g Butter zum Beträufeln

Für den Teig die Rosinen verlesen, waschen, mit Rum begießen und zugedeckt ziehen lassen. Die Hefe mit 1 TL Zucker und etwas lauwarmer Milch verquirlen. Das Mehl in eine Schüssel sieben und in die Mitte eine Vertiefung drücken. Die Hefemilch hineingießen und etwas Mehl darüberstäuben. Zugedeckt 20 Minuten gehen lassen. Auf den Mehlrand den restlichen Zucker, Salz, Butterschmalz und die Rosinen geben. Von der Mitte her einen Teig bereiten und dabei die restliche Milch zufügen. Der Teig muß weich bleiben. Zugedeckt 1 Stunde gehen lassen. Den Teig zusammenstoßen, durchkneten und ausrollen. Ein Backblech ausbuttern, den Teig daraufgeben und mehrmals mit einer Gabel einstechen. Einen Rand hochziehen.
Für die Streusel Zucker, Zimt und das gesiebte Mehl vermischen. Butterschmalzflöckchen zugeben und alles vermengen. Die Streusel auf dem Teig

verteilen. Im vorgeheizten Backofen bei 200 Grad etwa 30 Minuten backen. Herausnehmen und mit zerlassener Butter beträufeln.

> *Vom Gaffee Geßwein hammse wohl geheert,*
> *Am Briehl in Leipzig? – Das is Sie sähenswert!*
> *Da is in Angdreh änne Inschrift ze läsen,*
> *daß „Gäthe" als Studio hier Stammgast gewesen,*
> *Hier Dage und Nächte langk zugebracht*
> *Un Gäthchen Scheengopf de Gur hat gemacht.*

Georg Bötticher hat bedichtet, wohin es den jungen, stürmischen Goethe zog – zu des Gastwirts lieblichen Töchterlein Anna Katharina Schönkopf. Er machte ihr nicht nur den Hof, er entpuppte sich als feuriger Liebhaber. Es soll zu manchem (wenig vornehmen!) Krach gekommen sein, wenn der Ungestüme im Gastraum zu lange auf sein Liebchen, das ja Pflichten im Haus hatte, warten mußte. Aber sobald das Fräulein mit schelmisch blitzenden Augen, fein herausgeputzt mit ihrer Modehaube herbeieilte, wurde er sanft und „hasig". Dann gings hinaus ins Grüne und zum Bäcker Händel, den Goethe „Kuchenprofessor" getauft hatte, weil er weit und breit die besten Kuchen backen konnte.

Zuckerkuchen

Für den Teig: 500 g Mehl, 30 g Hefe, 80 g Zucker, ¹/₄ l Milch, 1 Prise Salz,
80 g Butter, 2 Eier
Für den Belag: 150 g Butter, 150 g Zucker, ¹/₂ TL Zimt
Außerdem: Butter für das Backblech

Für den Teig das Mehl in eine Schüssel sieben und in die Mitte eine Vertiefung drücken. Die Hefe mit 1 TL Zucker in etwas lauwarmer Milch verquirlen und in die Vertiefung gießen. Etwas Mehl darüberstäuben. Zugedeckt 20 Minuten gehen lassen. Von der Mitte aus die Zutaten vermengen, dabei die restliche Milch, Salz, Zucker, Butter und die Eier einarbeiten. Einen glatten Teig herstellen. Zugedeckt 30 Minuten gehen lassen. Durchkneten und auf einer bemehlten Fläche ausrollen. Das Backblech ausbuttern, den Teig darauflegen und einen Rand hochziehen. Für den Belag die Butter zerlassen und aufstreichen. Zucker und Zimt vermischen und aufstreuen. Im vorgeheizten Backofen bei 200 Grad etwa 30 Minuten backen.

Vogelhochzeitskekse

500 g Mehl, 2 gestrichene TL Backpulver, 150 g Zucker,
1 Päckchen Vanillinzucker, 2 Eier, 250 g Butter, Butter für das Backblech,
Eigelb zum Bestreichen, Puderzucker, Zitronensaft und Zuckerperlen zum Verzieren

Das Mehl mit dem Backpulver vermischen und in eine Schüssel sieben. In die Mitte eine Vertiefung drücken. Zucker, Vanillinzucker und Eier hineingeben und mit einem Teil des Mehls zu einem dicken Brei verarbeiten. Die kalte Butter in Stücke schneiden, auf dem Brei verteilen und mit etwas Mehl bedecken. Von der Mitte her alle Zutaten zu einem glatten Teig verkneten. 1 Stunde kalt stellen. Auf bemehlter Fläche dünn ausrollen und Vogelfiguren oder Taler ausstechen. Einen Teil davon mit verquirltem Eigelb bestreichen, den anderen Teil, der später glasiert werden soll, ohne Eigelb auf das ausgebutterte Backblech setzen und im vorgeheizten Backofen bei 200 Grad 8-10 Minuten backen.
Für die Glasur 150 g Puderzucker mit 1-2 EL Zitronensaft verrühren, die Plätzchen damit bestreichen und mit Zuckerperlen verzieren.

Am 25. Januar, auch wenn's noch so grimmig kalt ist, wird in der Oberlausitz die Vogelhochzeit gefeiert. Elster und Rabe krächzen sich das Ja-Wort zu. Als Ehrengäste haben sie die Kinder geladen. Es ist ihr Dankeschön fürs Füttern. In der Oberlausitz ist man sehr tierlieb, denn, so lehrten es die Altvordern, die Seele eines Menschen schlüpft nach dem Ableben in den Körper eines Tieres.
Und so könnte es doch sein, daß sich unter den Gefiederten, die im Winter versorgt sein wollen, die Urgroßmutter oder die Erbtante befindet. Als Morgengabe stellen die Vögel den Kindern einen Teller mit Süßigkeiten auf das Fensterbrett: Bonbons, Schokolade, Nüsse, Backwerk. (Aber nur denen, die das Füttern nicht vergaßen, für die anderen gibt es „Taubendreck und Gänsewüsteln" – aber das kommt höchst selten vor!). Danach schlüpfen die Kinder in ihr Vogelkostüm, denn „die Vögel wollen Hochzeit halten, in dem schönen Walde. Fiderallala, fiderallala, fiderallalalala."

Werdauer Zuckermännle

*Für den Teig: 500 g Mehl, 1 Päckchen Backpulver, 250 g Zucker,
1 Päckchen Vanillinzucker, je 2 Messerspitzen gemahlener Kardamom
und gemahlene Nelken, 1 TL Zimt, 2 Eier, 1/8 l Milch, 200 g Butter,
125 g gemahlene Mandeln, darunter 2 bittere
Für die Glasur: 150 g Puderzucker, 4 EL Zitronensaft,
Gemüsesäfte zum Färben (Spinat, Möhren, Rote Bete),
Zuckerperlen, grober Streuzucker, Schokoladenraspeln
Außerdem: Butter für das Backblech*

Für den Teig Mehl und Backpulver vermischen und in eine Schüssel sieben. In die Mitte eine Vertiefung drücken. Zucker, Vanillinzucker, Kardamom, Nelken, Zimt, Eier und Milch hineingeben und mit der Hälfte des Mehls vermengen. Die kalte Butter in Stücke schneiden. Zusammen mit den Mandeln zum Teig geben, mit Mehl bedecken und von der Mitte aus alle Zutaten zu einem glatten Teig verkneten. 1 Stunde kalt stellen. Den Teig auf bemehlter Fläche dünn ausrollen, kleine Männlein ausstechen oder ausschneiden.

Ein Backblech ausbuttern, die Männlein daraufsetzen und im vorgeheizten Backofen bei 180 Grad etwa 10 Minuten backen. Auskühlen lassen. Nach Belieben mit farbiger Zuckerglasur (Puderzucker mit Zitronensaft und Gemüse-säften einfach glatt rühren) und Zuckerperlen oder Streuzucker und Schoko-ladenraspeln „ankleiden" und herausputzen.

Lustige, bunte Zuckermännle schmücken noch heute im Vogtland den Weihnachtsbaum, der bei den Altvorderen in den winzigen Bauernstuben seinen Platz an der Decke hatte, damit für die Kinder Platz zum Spielen blieb. Erst nach dem Neujahrstag, wenn der Baum auf dem Dachboden landete und das Haus vor Blitzschlag bewahren sollte, durfte das Backwerk ins (Kinder-) Mündchen wandern (heute ist man nicht mehr so streng, denn „Nachschub" ist rasch gebacken!)

Sahneröllchen

Für den Teig: 125 g Butter, 100 g Zucker, 100 g Mehl,
¹/₂ TL Ingwer (gemahlen), 1 EL Zitronensaft, 2 EL Rum
Für die Füllung: ¹/₂ l Schlagsahne, 2 EL Zucker
Außerdem: Butter für das Backblech

Für den Teig die Butter zerlassen und unter Rühren den Zucker darin auflösen. Auskühlen lassen. Das Mehl sieben und nach und nach zur Buttermasse geben. Danach die Gewürze unterrühren. Ein Backblech ausbuttern. Mit einem Teelöffel im Abstand von 10 cm kleine Häufchen auf das Backblech setzen und im vorgeheizten Backofen bei 200 Grad 8-10 Minuten backen. Noch warm vom Blech nehmen, um den Griff eines eingebutterten Kochlöffels wickeln, abstreifen und auf einem Kuchengitter auskühlen lassen.
Für die Füllung die Schlagsahne steif schlagen, dabei den Zucker einrieseln lassen und die Röllchen damit füllen.

Sahneröllchen sind in Sachsen so begehrt, daß sie sogar im Reich der sächsischen Märchen vorkommen. In Lene Voigts Schneewittchenversion verspricht der Prinz, nachdem es ihm gelungen war, das schöne Mädchen wachzuküssen, zu den sieben Zwergen hinter den sieben Bergen: „uff unsrer Hochzeit schtreitr alle Bliemchen un jeder därf so viel Sahnrolln nunterwärchen, wie'r will." – „Is gemacht", brillten de Zwerche und danzten vor Freide Scharlsten."

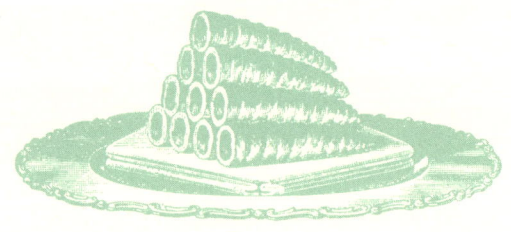

Notizen & weitere Rezepte:

GETRÄNKE

Getränke

Gemütlichkeit schätzt man in Sachsen ebenso wie das Däbbchen Bohngaffee. Ein Likörchen kann schon mal daneben stehen! Aber auch das Kneipchen um die Ecke darf nicht zu kurz kommen, denn ein Bierchen braucht man ab und zu zum Fiehlosofiern und gegen driebe Gefiehle. Zum Sonntagsbraten (und überhaupt!) gibt's Elbtalwein, der an den steilen Terrassen des Elbufers wächst: Müller-Thurgau, Weißburgunder, Traminer.

Ein ganz besonderer Trunk machte in der Messestadt Leipzig Furore: die Gose. Man kann sie noch heute genießen, wenn man in einer Schenke in der Menckestraße 5 einkehrt, die „Ohne Bedenken" heißt.

Die Gose, das obergärige Weizenbier, führte Fürst Leopold von Anhalt-Dessau im Jahre 1738 bei seinem Leipziger Regimentskameraden und Besitzer einer „Dorfschänke" ein. Das erfrischende Getränk schmeckt pur oder mit Schuß (Kirsch- oder Kümmellikör). Aber: „Es ist zwar ein sehr gutes Bier, die Goslarische Gose. Doch wenn man meint, sie sei im Bauch, so liegt sie in der Hose!" Auch Edwin Bormann, der Leipziger Humordichter, hat mit der Gose so seine Erfahrung gemacht und rät:

> *Wennste probst der Gose Saft,*
> *Wappne dich mit Heldenkraft!*
> *Denn de weeßt nich, wärd dei Magen*
> *Ja und Amen derzu sagen?*
> *Drum bevor de rechde Hand*
> *Noch um's Stengelglas sich wand,*
> *Leg' aus Vorsicht deine linke,*
> *Uff de Stuuwwendhierenklinke!*

Fragt man allerdings Gäste, Kellner oder Serviererinnen nach der Bekömmlichkeit, so erhält man die Antwort „ohne Bedenken" – und nun weiß man, warum die Schenke so heißt und das Getränk so beliebt ist.

Bierschaum

4 Eier, 1 l Pilsner, 125 g Zucker, 1 kräftige Prise Zimt,
1 TL abgeriebene, unbehandelte Zitronenschale

Die Eier verquirlen und mit dem Bier in einen Topf geben. Zucker, Zimt und Zitronenschale zufügen und bei milder Hitze bis 90 Grad erhitzen. Dabei mit dem Schneebesen kräftig schlagen. Vom Herd nehmen, noch 2-3 Minuten weiterschlagen. In feuerfeste Gläser füllen und sofort servieren.

In Maßen dut dr Algohol
dn allermeerschten Leiten wohl.
Doch wer sei Seifchen iwerdreibt,
nich ohne beese Folchen bleibt.

Ganz winzsche Schwibbse sin erdräächlich,
Besoffenheit blamiert unsäächlich.
Was mancher da schon angerichtet,
hat die Garriäre glatt vernichtet.

Lene Voigt aus „Dr Algohol"

Holundertrunk

250 g Zucker, 1 unbehandelte Zitrone, 6 Dolden Holunderblüten

Den Zucker in 2 l Wasser zum Kochen bringen, gut verrühren und abkühlen lassen. Die Zitrone in Scheiben schneiden und zusammen mit den geputzten und abgebrausten Holunderdolden zufügen. Mit einem Tuch bedeckt 3-4 Tage an einen sonnigen Platz stellen. Sobald Bläschen aufsteigen, den Trunk durch ein Sieb seihen und in vorbereitete Flaschen füllen. Fest verkorken. Noch 10 Tage stehenlassen.

Kaffeepunsch

³/₄ l starker, gebrühter Filterkaffee, 1 Zimtstange, 2 EL Zucker, ¹/₄ l Schlagsahne,
¹/₈ l Weinbrand, 1 EL abgeriebene, unbehandelte Orangenschale,
1 EL Schokoladenstreusel

In den heißen, gebrühten Filterkaffee die Zimtstange und den Zucker geben.
Den Kaffee warm stellen. Die Sahne steif schlagen. Den Weinbrand in 4 Gläsern
verteilen und heißen Kaffee darübergeben. Auf jedes Glas eine Sahnehaube
setzen und mit Orangenschale und Schokoladenstreuseln bestreuen.

Was heute eine Selbstverständlichkeit ist, gibt es erst seit dem Jahre 1908: den Papierfilter
für den Kaffeesatz. Eine Sächsin, genauer gesagt, eine Dresdnerin, kam auf die glanz-
volle Idee, wie man Kaffeetasse und Kaffeekanne „sauber" halten konnte. Ihr Name:
Melitta Benz.

Kerbelschnaps

2 Handvoll frische, grüne, gereinigte Kerbelblätter, ³/₄ l Wodka

Eine weithalsige Flasche mit den Kerbelbättern zur Hälfte füllen. Wodka
zugießen. 6 Tage ruhen lassen und anschließend filtern.

Königspunsch

100 g Zucker, ¹/₄ l frisch gebrühter schwarzer Tee, ¹/₄ l Rotwein, ¹/₄ l Weißwein,
8 EL Arrak, ¹/₈ l Weinbrand, 2 EL Zitronensaft, 1 Flasche Sekt

Den Zucker im heißen schwarzen Tee auflösen. Rotwein, Weißwein, Arrak,
Weinbrand und Zitronensaft dazugeben und auf 90 Grad erhitzen. Vom Feuer
nehmen. Den Sekt zugießen und sofort servieren.

Liebesbowle

2 Sellerieknollen, 4 EL Zucker, 3 Flaschen Weißwein (Riesling),
1 Flasche Sekt (trocken)

Die Sellerieknollen schälen, waschen und in $1/2$ cm dicke Scheiben schneiden. Den Zucker darübergeben und zugedeckt 2 Stunden ziehen lassen. $1/2$ Flasche Weißwein darübergießen und nochmals 2 Stunden ziehen lassen. Die Selleriescheiben entfernen. Den restlichen Weißwein und den Sekt zugießen.

Leipziger Maibowle

50 g frische, zarte Minze, 2 EL Zucker, 10 cl Wodka,
2 Flaschen Weißwein (Riesling), 1 Flasche Sekt (trocken)

Die Pfefferminzblättchen waschen, trockentupfen und fein hacken. In ein Bowlengefäß geben. Zucker darüberstreuen und Wodka aufgießen. Zugedeckt 1 Stunde ziehen lassen. Durchseihen. Gut gekühlten Weißwein auf den Sud gießen. Vor dem Servieren Sekt angießen.

Mokkalikör

120 g fein gemahlener Kaffee, 300 g Zucker, 1 l Weinbrand

Kaffee und Zucker vermischen und mit $1/2$ l kaltem Wasser zum Kochen bringen. Kurz aufkochen und anschließend auskühlen lassen. Den Weinbrand zugießen, in Flaschen füllen und gut verschließen. 4 Wochen ruhen lassen, dabei mehrmals durchschütteln. Durch einen Filter gießen, erneut in Flaschen füllen und gut verschließen. Nach einer Woche kann gekostet werden.

Vogtländischer Schwarzbeerlikör

1 kg Heidelbeeren, $^1/_2$ l Korn, 1 Vanilleschote, $^1/_2$ Zimtstange,
250 g Zucker, $^1/_2$ l Himbeergeist

Die Heidelbeeren verlesen, waschen, abtropfen lassen und mit einer Gabel zerdrücken. Korn zugießen, die aufgeschnittene Vanilleschote und die Zimtstange
zugeben. Alles in ein Glasgefäß füllen. Gut verschlossen an einem sonnigen Platz
4 Wochen durchziehen lassen. Hin und wieder durchschütteln. Den Zucker in
einen Topf geben, $^1/_4$ l Wasser angießen, zum Kochen bringen und unter Rühren
10 Minuten einkochen. Die Zuckerlösung erkalten lassen. Die Beeren durch ein
Haarsieb streichen. Himbeergeist und Zuckerlösung unterrühren. Den Likör
in vorbereitete Flaschen füllen und verkorken. 3 Monate kühl und dunkel
aufbewahren.

Tip: Schwarzbeerlikör ist ein Gesundbrunnen an kalten Winterabenden.

Notizen & weitere Rezepte:

EINGEMACHTES

Eingemachtes

Was gibt es Schöneres, als wortlos eine zu Herzen gehende Liebeserklärung in Form einer farbenfrohen, aromatischen Konfitüre auf den Frühstückstisch zu stellen! Selbstgemachtes schmeckt nun mal am besten! Da können all die Erfahrungen einfließen, die man von „Muttern", den Tanten oder der Großmutter bekommen hat (es schmeckt nach Kindheit), und man kann sich für Zutaten entscheiden, die man am liebsten mag.

Auch bei der Verwandtschaft und bei Freunden kommen liebevolle Geschenke aus der Küche gut an. Und belohnt man sich nicht auch selbst ein wenig? Denn die Herstellung der leckeren Dinge, die im Vorratsschrank verschwinden und bei Belieben herausgeholt werden können, bereiten neben der Arbeit auch Spaß. Und wenn bei der Gewürzgurkenverkostung die Nachbarin neidisch (oder bewundernd?) nach der Zubereitung fragt, die eingelegten Zwiebeln ein „Ah" und „Oh" hervorlocken, ist mer ganz närsch vor Freide (und kriegt Lust zum Weitermachen). Die nächsten Gurken werden noch besser. Und die Konfitüre sowieso. Beschtimmt!

Birnenkonfitüre

1 kg Birnen, Saft von 1 Zitrone, ¹/₂ TL abgeriebene, unbehandelte Zitronenschale,
1 Zimtstange, 5 Nelken, 1 kg Gelierzucker

Die Birnen schälen, in schmale Spalten schneiden, dabei das Kernhaus entfernen. Sofort mit Zitronensaft beträufeln. In einen Topf geben, Zitronenschale, Zimtstange, Nelken und Gelierzucker darübergeben. Zugedeckt über Nacht an einen kühlen Platz stellen. Am nächsten Tag zum Kochen bringen und 4 Minuten sprudelnd kochen lassen. In vorbereitete Gläser mit Schraubdeckeln füllen.

Eingelegte Pilze

*1,5 kg Steinpilze, Maronen, Pfifferlinge, Rotkappen, Salz, $^1/_2$ l Weinessig,
4 EL Zucker, 8 Pfefferkörner, 3 Lorbeerblätter, einige Blättchen Zitronenmelisse,
1 TL grob geriebene, unbehandelte Zitronenschale, 200 g Schalotten*

Die Pilze putzen, in Fingerhutgröße schneiden und kurz waschen. Salzwasser zum
Kochen bringen und die Pilze darin 5 Minuten blanchieren. Mit einem Schaumlöffel herausnehmen und abtropfen lassen. $^1/_4$ l Wasser mit dem Essig vermengen,
1 EL Salz und die anderen Gewürze zufügen, alles zum Kochen bringen. 10 Minuten köcheln lassen. Die Pilzstücke hineingeben, aufkochen und anschließend
5 Minuten köcheln lassen. Mit einem Schaumlöffel die Pilze herausnehmen und
in ein vorbereitetes Glasgefäß füllen. Die Schalotten schälen und dazugeben. Den
Sud nochmals aufkochen und auskühlen lassen. Sobald er erkaltet ist, über die
Pilze gießen. Das Gefäß mit einem Tuch zubinden. 3 Wochen kühl stellen.

Tip: Im Vogtland ißt man eingelegte Pilze gern zum Wernesgrüner Pils.

Eingelegte Zwiebeln

*2 kg kleine, runde Zwiebeln, 8 Knoblauchzehen, $^1/_4$ l Öl, 4 Tomaten,
2 EL gehackte Kräuter (Dill, Petersilie), 1 Lorbeerblatt, 2 TL Salz,
12 Pfefferkörner, $^1/_4$ l Weinessig, 2 EL Zucker*

Die Zwiebeln und Knoblauchzehen schälen. 2 Zwiebeln und die Knoblauchzehen fein hacken. In einem Topf das Öl erhitzen, die gehackten Zwiebeln hineingeben und goldgelb braten. Die Tomaten waschen, in Achtel schneiden und
dabei den Stielansatz entfernen. Zusammen mit dem gehackten Knoblauch,
Kräutern und dem Lorbeerblatt in den Topf geben und 20 Minuten köcheln
lassen. Durch ein Sieb streichen. Salz, zerstoßene Pfefferkörner, Weinessig,
Zucker und die restlichen Zwiebeln zugeben und 20 Minuten köcheln lassen.
Die Zwiebeln sofort in vorbereitete Gläser füllen, den Würzsud angießen und
die Gläser verschließen. Kühl aufbewahren.

Tip: Dazu schmecken Fettbemmen und Leberwurstbrote.

Erdbeermarmelade
(von rohen Früchten)

1 kg Erdbeeren oder Walderdbeeren,
1 kg Puderzucker, 4 EL Weinbrand

Die Erdbeeren waschen, putzen und durch ein Sieb drücken. Das Erdbeermark mit dem Zucker 10 Minuten mit dem elektrischen Handrührgerät verquirlen. Vorbereitete kleine Gläser mit Weinbrand ausspülen, die Marmelade hineingeben. Die Gläser mit einem Tuch zubinden.

Tip: Auf die gleiche Weise läßt sich Himbeermarmelade herstellen.

Gewürzgurken

500 g sehr kleine Gurken, 1 TL Salz,
2 EL Zucker, 100 ml Weinessig, 1 Lorbeerblatt, 5 Senfkörner,
Dill, Bohnenkraut, 3 kleine Zwiebeln

Die Gurken sauber bürsten und über Nacht in Salzwasser legen. Am nächsten Tag die Gurken in ein großes Einweckglas schichten. Essig, Gewürze und die geschälten Zwiebeln zugeben. Heißes Wasser bis 2 cm unter den Deckelrand angießen. Das Glas schließen und 25 Minuten bei 95 Grad sterilisieren.

Himbeeressig

100 g frisch gepflückte Himbeeren,
4 EL Essigessenz, ¹/₄ l Weißwein

Die Himbeeren putzen und in eine vorbereitete, helle Flasche einfüllen. Essigessenz und Weißwein vermischen und über die Himbeeren gießen. Gut verschließen. Der Essig hat das gewünschte Aroma, wenn er sich rosa gefärbt hat. Durchseihen, erneut in eine vorbereitete Flasche füllen und verschließen.

Kandierte Kirschen

750 g Sauerkirschen, 750 g Puderzucker

Die Kirschen waschen, abtropfen lassen, entstielen und entsteinen. In einen Durchschlag geben und über einem Topf, in dem wenig Wasser kocht, 5 Minuten dämpfen. Die Kirschen herausnehmen. Auf einer großen Platte oder einem großen Teller ausbreiten und mit Puderzucker besieben. Sobald der Zucker eingezogen ist, die Kirschen wenden und nochmals mit Puderzucker besieben. Dies so lange wiederholen, bis der Zucker aufgebraucht und die Kirschen mit einer feinen Glasur überzogen sind. In Schraubgläser füllen und verschließen. Nach 4-5 Tagen sind die kandierten Kirschen fertig.

Tip: Auf die gleiche Weise lassen sich Aprikosen, Pfirsiche oder Ananas kandieren.

Löwenzahnblütenhonig

400 Löwenzahnblüten, 2 unbehandelte Zitronen, 2 kg Zucker

Die frisch gepflückten Löwenzahnblüten waschen, abtropfen lassen und zusammen mit 1 l Wasser in einen Topf füllen. Die Zitronen in Scheiben schneiden und zufügen. Alles zum Kochen bringen und mehrere Male aufwallen lassen. Vom Herd nehmen. Zugedeckt 24 Stunden ziehen lassen. Dann durch ein Sieb geben. Die aufgefangene Flüssigkeit mit dem Zucker etwa 1 Stunde kochen. Dabei öfter umrühren. In vorbereitete Gläser füllen und gut verschließen.

Pfefferminzgelee

100 g zarte, grüne Minzeblätter, $^1/_2$ l Apfelsaft, $^1/_2$ l Weißwein (Müller Thurgau),
1 kg Gelierzucker

Die Minzeblätter kurz waschen, abtropfen lassen und mit $^1/_8$ l kochendem Wasser übergießen. Zugedeckt 1 Stunde ziehen lassen. In einem Durchschlag ablaufen lassen. Die Flüssigkeit mit dem Apfelsaft und dem Weißwein vermengen. Gelierzucker zugeben. Unter Rühren zum Kochen bringen und 4 Minuten sprudelnd kochen lassen. Vom Herd nehmen, in vorbereitete Schraubgläser füllen und sofort verschließen.

Pflaumen in Rotwein

1 l Rotwein, 4 EL Weinessig, 750 g Zucker, 2 kg Pflaumen,
1 Stück Zimtrinde, 2 Gewürznelken

Rotwein, Essig und Zucker zum Kochen bringen und abschäumen. Die Pflaumen hineingeben und 5 Minuten köcheln lassen. Herausnehmen, abtropfen lassen und in vorbereitete Gläser füllen. Die Zimtrinde und die Gewürznelken zum Sud geben, etwas einkochen und über die Pflaumen gießen. Die Gläser sorgfältig verschließen.

Pflaumenmus

2,5 kg entsteinte Pflaumen, 1 TL Zimt, $^1/_2$ TL gemahlene Nelken

Die Pflaumen mit dem Mixer oder im Fleischwolf zerkleinern und in ein flaches Gefäß füllen. Die Gewürze unterrühren. Alles etwa 4 Stunden im spaltbreit geöffneten Backofen einkochen lassen. Das Mus ist fertig, wenn es sich mit dem Kochlöffel teilen läßt, ohne sofort wieder zusammenzufließen. In Steintöpfe füllen und kurz in den heißen Backofen stellen, damit sich an der Oberfläche eine Kruste bildet. Danach auskühlen lassen. Mit Einmachfolie verschließen.

Preiselbeeren einkochen

500 g Preiselbeeren, 300 g Zucker

Blättchen, zerdrückte und unreife Beeren auslesen. Die gewaschenen Beeren in wenig Wasser 10 Minuten kochen. Zucker zugeben und aufwallen lassen. In vorbereitete Gläser füllen. Die Gläser verschließen und 20 Minuten bei 80 Grad einkochen.

Tip: Preiselbeeren und Birnen sind bei Wildgerichten und Kartoffelklößen immer mit von der Partie.

Quittengelee

2,5 kg Quitten, 1 l Weißwein, 2,5 kg Gelierzucker

Von den Quitten Stengel und Blütenreste entfernen, danach die Früchte kräftig mit einem Tuch abreiben und in Spalten schneiden. Weißwein mit 1 l Wasser zum Kochen bringen, die Quittenspalten hineingeben, 45 Minuten köcheln lassen, durch ein Tuch pressen und den Saft auffangen. Die Flüssigkeit in einen Topf geben, Gelierzucker einrühren, zum Kochen bringen und bis zum Gelieren (etwa 15 Minuten) köcheln lassen. Das Gelee in vorbereitete Gläser einfüllen und gut mit Einmachfolie verschließen.

Rhabarberhonig

1 kg Rhabarber, 1 kg Zucker

Den Rhabarber schälen und in 1 cm kleine Stücke schneiden. Mit dem Zucker in einen Topf geben, vermischen und zugedeckt 10 Minuten stehen lassen. Unter Rühren zum Kochen bringen und unter Rühren köcheln lassen, bis der Saft die Konsistenz von halbfestem Honig hat. Vom Herd nehmen und in vorbereitete Gläser füllen. Gut verschließen.

Rosen-Apfel-Gelee

125 g Rosenblütenblätter, ¹/₂ l konzentrierter Apfelsaft, 500 g Zucker

Die Rosenblütenblätter vom bitteren Stielansatz befreien, mit kochendem Wasser überbrühen und sofort mit eiskaltem Wasser abschrecken. Zum Abtropfen auf ein Leinentuch legen. Apfelsaft und Zucker in einen Topf geben und unter Rühren zum Kochen bringen. Von den Rosenblütenblättern 4 Stück beiseite legen, die restlichen im Gelee mitkochen, bis sie sich gesetzt haben. Den Schaum abschöpfen. Nach der Gelierprobe heiß in vorbereitete Gläser füllen. Die restlichen Rosenblätter zugeben. Die Gläser mit Einmachfolie verschließen.

Schweineschmalz mit Zwiebeln und Apfel

1 kg Flomen (Bauchfett vom Schwein), 2 Zwiebeln, 1 Apfel

Flomen in grobe Würfel schneiden, in einen Topf füllen und langsam auslassen. Die Zwiebeln schälen und in kleine Würfel schneiden. Den Apfel schälen, in Viertel und dann in kleine Würfel schneiden, dabei das Kernhaus entfernen. Zwiebel- und Apfelwürfel zum Schmalz geben und mitbraten, bis sie goldgelb sind. Vom Herd nehmen, etwas auskühlen lassen. In ein Steingutgefäß gießen, abdecken und in einem kühlen, trockenen Raum aufbewahren.

Tip: Eine Fettbemme steht jedem Bier und jeder Suppe gut.

Veilchenessig

2 Handvoll Veilchenblüten, ³/₄ l Weinessig

Die frisch gepflückten Veilchenblüten waschen, abtropfen lassen und in eine Schüssel geben. Mit Essig begießen und zugedeckt 8 Tage ziehen lassen. Durch ein Sieb geben. Den blau-violetten Essig in vorbereitete Flaschen füllen und für Salate und Saucen verwenden.

Vogelbeeren einkochen

2 kg Vogelbeeren (Ebereschen), 1 l Obstessig, 1 kg Zucker, 4 Nelken,
¹/₂ Stange Zimt, 2 Lorbeerblätter, 1 TL Salz

Die Früchte entstielen, waschen, mit kochendem Wasser überbrühen, abtropfen lassen und in vorbereitete Gläser füllen. Obstessig mit 1 l Wasser, Zucker und den Gewürzen zum Kochen bringen. Über die Beeren gießen. Die Gläser verschließen und bei 80 Grad 15 Minuten im Einkochtopf sterilisieren.

Zwiebelwurst

500 g mageres Schweinefleisch, 500 g Rinderkeule,
1 kg Schweinebauch ohne Schwarte, 5 Zwiebeln, 2 Knoblauchzehen,
Salz, frisch gemahlener weißer Pfeffer

Das Fleisch waschen, trockentupfen, zerkleinern und die Sehnen entfernen. Alles durch die feine Scheibe des Fleischwolfs drehen. Zwiebeln und Knoblauchzehen pellen und fein hacken. Zur Fleischmasse geben. Salz und Pfeffer zufügen. Die Masse in Viertellitergläser füllen und bei 100 Grad 2 Stunden einkochen.

VERZEICHNIS DER REZEPTE

SALATE

Apfel–Möhren–Salat 10

Apfelsalat 11

Eiersalat mit Brunnenkresse 11

Gänseblümchensalat 11

Gurkensalat 12

Kohlrabisalat 12

Kopfsalat mit Kapuzinerkresse 12

Löwenzahnblütensalat 13

Möhrensalat 13

Pfirsichsalat 13

Schalottensalat 14

Sommersalat 14

Wurstsalat 14

SUPPEN

Bornaer Zwiebelsuppe 18

Frühlingssuppe 19

Gräupchen 20

Grüne Suppe 20

Holunderbeerensuppe 21

Kartoffelsuppe mit Bockwurst 21

Kräutersuppe 22

Kürbisblütensuppe 22

Kürbis–Kartoffel–Suppe 23

Leipziger Biersuppe 23

Meißner Weißkohlsuppe 24

Oberlausitzer Abernsuppe (Kartoffelsuppe) 24

Oberlausitzer Semmelbröselsuppe 25

Rosenblütensuppe 25

Sauerampfersuppe 25

Saure Bieben (sächsischer Kuttelfleck) 26

Selleriesuppe 26

Sorbische Hochzeitssuppe 27

FLEISCHGERICHTE

Bierfleisch 31

Gänsebraten 31

Kaninchenbraten 32

Koteletts in Kümmelsauce 32

Lammtopf 33

Oberlausitzer Fleischtopf mit Äpfeln 33

Oberlausitzer Gewiegtesbrutl (Hackbraten) 34

Oberlausitzer Osterlammtopf 34

Pökelzunge in Weinsauce 35

Sächsischer Kräuterschmorbraten 36

Sächsischer Rehbraten 36

Sächsischer Senfbraten 37

Scherbelberger Spatz auf Specksauerkraut (Eisbein) . . 38

Schmorbraten in Morchelrahm 37

FISCHGERICHTE

Bratheringe 43

Fischröllchen 43

Forelle blau 44

Gebratene Forelle 44

Karpfen in Weinsauce 45

Matjesfilet mit pikanter Sauce 45

Oberlausitzer Apfelheringe 46

Wernesgrüner Bierkarpfen 46

GEMÜSEGERICHTE

Blumenkohlröschen mit Schinkensauce 50

Bornaer Apfel-Zwiebel-Gemüse 51

Erbsenauflauf 51

Erbsengemüse 52

Gefüllte Zwiebeln 52
Kohlrouladen 53
Leipziger Allerlei 54
Oberlausitzer Schmorgemüse 56
Rotkraut 55
Sauerkraut 55
Schmorgurken 56
Schwarzwurzel-Auflauf 57
Spargelkuchen 57

KARTOFFELGERICHTE & KLÖSSE

Annaberger Kläss (Birnenkloß) 60
Erzgebirgische Klitscher (Kartoffelpuffer) 61
Griegeniffte (Grüne Klöße) 62
Kartoffelsalat 63
Kartoffeltorte 64
Oberlausitzer Abernmauke (Kartoffelbrei) 64
Oberlausitzer Brutabern (Bratkartoffeln) 65
Oberlausitzer Meerrettichklöße 66
Rauche Mad (Kartoffelpfanne) 66
Rauner Speckpuffer 67
Sächsische Wickelklöße 67
Vogtländische Bambes (Pfannenklöße) 68
Vogtländische Jägerklöße 68
Vogtländische Schwammekläss (Pilzklöße) 69
Watteklöße 69

DESSERTS

Adorfer Eierkuchen 72
Annaberger Plinsen 73
Birnen in Karamelsauce 73

Erdbeerdessert 74
Gefüllte Äpfel 74
Gefüllte Schokoladenpflaumen 74
Leipziger Ringtaler 75
Quarkkeulchen 76
Rosen in Gelee 76
Rosenpudding 77
Rote Grütze 78
Sächsischer Sonntagspudding 78
Schokoladenpfirsich 77
Veilchen-Creme 79

BACKWERK

Adorfer Wachsstöckle 83
Bäbe (Rührkuchen) 84
Dominosteine 85
Dresdner Christstollen 86
Dresdner Eierschecke 87
Erzgebirgischer Aardäppelkuchen 88
Gefüllter Bienenstich 88
Kaffeestreifen 89
Kirschkuchen 90
Kleckselkuchen 90
Kräbbelchen 92
Leipziger Lerchen 92
Leipziger Ringelschwänzchen 93
LPG-Kuchen 94
Meißner Quarkstangen 95
Oberlausitzer Gänsefettkuchen 95
Oberlausitzer Stachelbeercremekuchen 96
Osterbrot 98
Osterkranz 97
Ostertorte 98
Prasselkuchen 99

Pulsnitzer Pfefferkuchen 100
Quarkstollen 101
Quittentorte 102
Reformationsbrötchen 101
Russisch Brot 103
Sahneröllchen 108
Storchennest 104
Streuselkuchen 104
Vogelhochzeitskekse 106
Werdauer Zuckermännle 107
Zuckerkuchen 105

GETRÄNKE

Bierschaum 113
Holundertrunk 113
Kaffeepunsch 114
Kerbelschnaps 114
Königspunsch 114
Leipziger Maibowle 115
Liebesbowle 115
Mokkalikör 115
Vogtländischer Schwarzbeerlikör 116

EINGEMACHTES

Birnenkonfitüre 120
Erdbeermarmelade (von rohen Früchten) 122
Eingelegte Pilze 121
Eingelegte Zwiebeln 121
Gewürzgurken 122
Himbeeressig 122
Kandierte Kirschen 123

Löwenzahnblütenhonig 123
Pfefferminzgelee 124
Pflaumen in Rotwein 124
Pflaumenmus 124
Preiselbeeren einkochen 125
Quittengelee 125
Rhabarberhonig 125
Rosen-Apfel-Gelee 126
Schweineschmalz mit Zwiebeln und Apfel 126
Veilchenessig 126
Vogelbeeren einkochen 127
Zwiebelwurst 127

Quellenangabe:

Das große Lene Voigt Buch, Sachsenbuch Verlagsgesellschaft mbH Leipzig, 1991
Erich Kästner „Als ich ein kleiner Junge war", Cäcilie Dressler Verlag

Wenn Sie sich für weitere Bücher aus unserem Verlag interessieren, schreiben Sie uns oder fragen Sie Ihren Buchhändler. Nachdem Sie dieses Buch kennengelernt haben, werden Ihnen sicher auch unsere anderen Titel zusagen.

Weitere Titel aus unserer Landschaftsküchen-Reihe

... mit Leineneinband:
Das Kochbuch aus der Eifel
Das Kochbuch aus Franken
Das Kochbuch aus Hamburg
Das Kochbuch aus Hessen
Das Kochbuch von der Mosel
Das Kochbuch aus München und Oberbayern
Das Kochbuch aus dem Münsterland
Das Kochbuch aus Niedersachsen
Das Kochbuch aus Ostfriesland
Das Kochbuch aus der Pfalz
Das Kochbuch aus dem Rheinland
Das Kochbuch aus dem Saarland
Das Kochbuch aus Schleswig-H stein
Das Kochbuch aus Schwaben
Das Kochbuch aus dem Schwarzwald

Das Kochbuch aus Niederösterreich
Das Kochbuch aus dem Burgenland
Das Kochbuch aus Tirol

Das Kochbuch aus der Schweiz
Cooking in Switzerland
Das Kochbuch aus dem Bernbiet
Das Kochbuch aus Graubünden
Das Kochbuch aus der Innerschweiz
Das Kochbuch aus dem Tessin
Das Kochbuch aus dem Wallis
Das Kochbuch aus Zürich

... mit Holzlöffel:

So kochten wir in Westfalen
So kochten wir in Mecklenburg-Vorpommern
So kochten wir in Berlin

Erfolgreiche Einzeltitel:

Das Brotbackbuch
Das Jagdkochbuch
Das Leerkochbuch
Endlich Spargelzeit
Ich hab' Dich zum Fressen gern
Der Mensch lebt nicht vom Boot allein